EL REGALO PERFECTO

para mamá

María Menéndez-Ponte & Evaduna

EL REGALO
PERFECTO
para mamá

Grijalbo

Papel certificado por el Forest Stewardship Council®

Primera edición: abril de 2018

© 2018, Evaduna, ilustradora representada por IMC Agencia Literaria, S. L.
© 2018, María Menéndez-Ponte, autora representada por IMC Agencia Literaria, S. L.
© 2018, Penguin Random House Grupo Editorial, S. A. U.
Travessera de Gràcia, 47-49. 08021 Barcelona

Printed in Spain – Impreso en España

ISBN: 978-84-253-5641-4
Depósito legal: B-3.030-2018

Compuesto en M. I. Maquetación, S. L.

Impreso en GraphyCems
Villatuerta (Navarra)

GR 5 6 4 1 4

Penguin
Random House
Grupo Editorial

A mi hija Verónica,
a mis nueras Sara y Bea
y a mis sobrinas Andy, Bibi y Tis,
que, al igual que todas las mujeres,
tienen tan difícil hacer compatible
el trabajo y la maternidad.

MARÍA

A mi madre,
por todos los malabares
que ha hecho y aún hace
por sus hijos.

EVADUNA

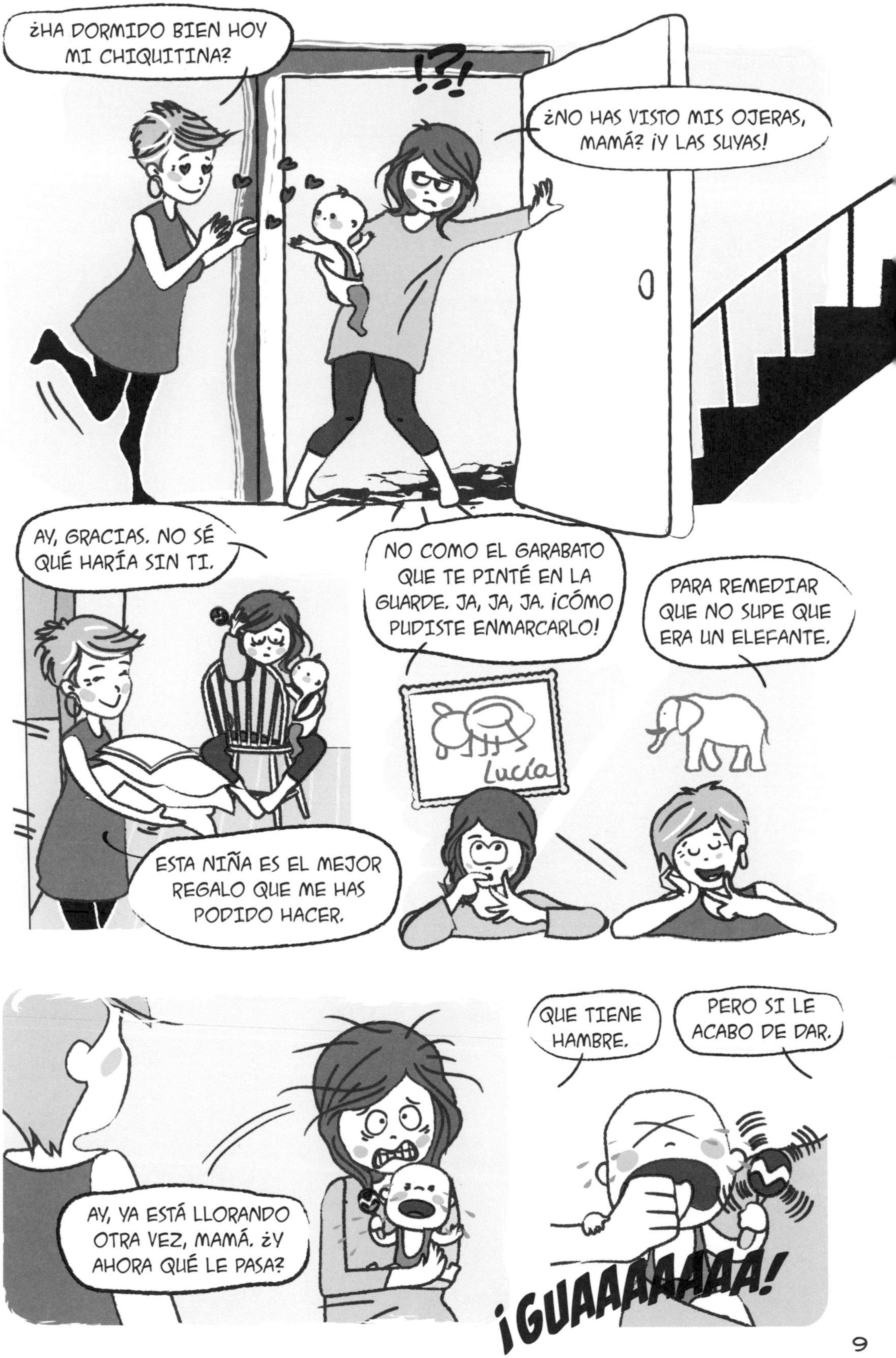
¿HA DORMIDO BIEN HOY MI CHIQUITINA?
!?!
¿NO HAS VISTO MIS OJERAS, MAMÁ? ¡Y LAS SUYAS!
AY, GRACIAS. NO SÉ QUÉ HARÍA SIN TI.
ESTA NIÑA ES EL MEJOR REGALO QUE ME HAS PODIDO HACER.
NO COMO EL GARABATO QUE TE PINTÉ EN LA GUARDE. JA, JA, JA. ¡CÓMO PUDISTE ENMARCARLO!
Lucía
PARA REMEDIAR QUE NO SUPE QUE ERA UN ELEFANTE.
AY, YA ESTÁ LLORANDO OTRA VEZ, MAMÁ. ¿Y AHORA QUÉ LE PASA?
QUE TIENE HAMBRE.
PERO SI LE ACABO DE DAR.
¡GUAAAAAAAA!

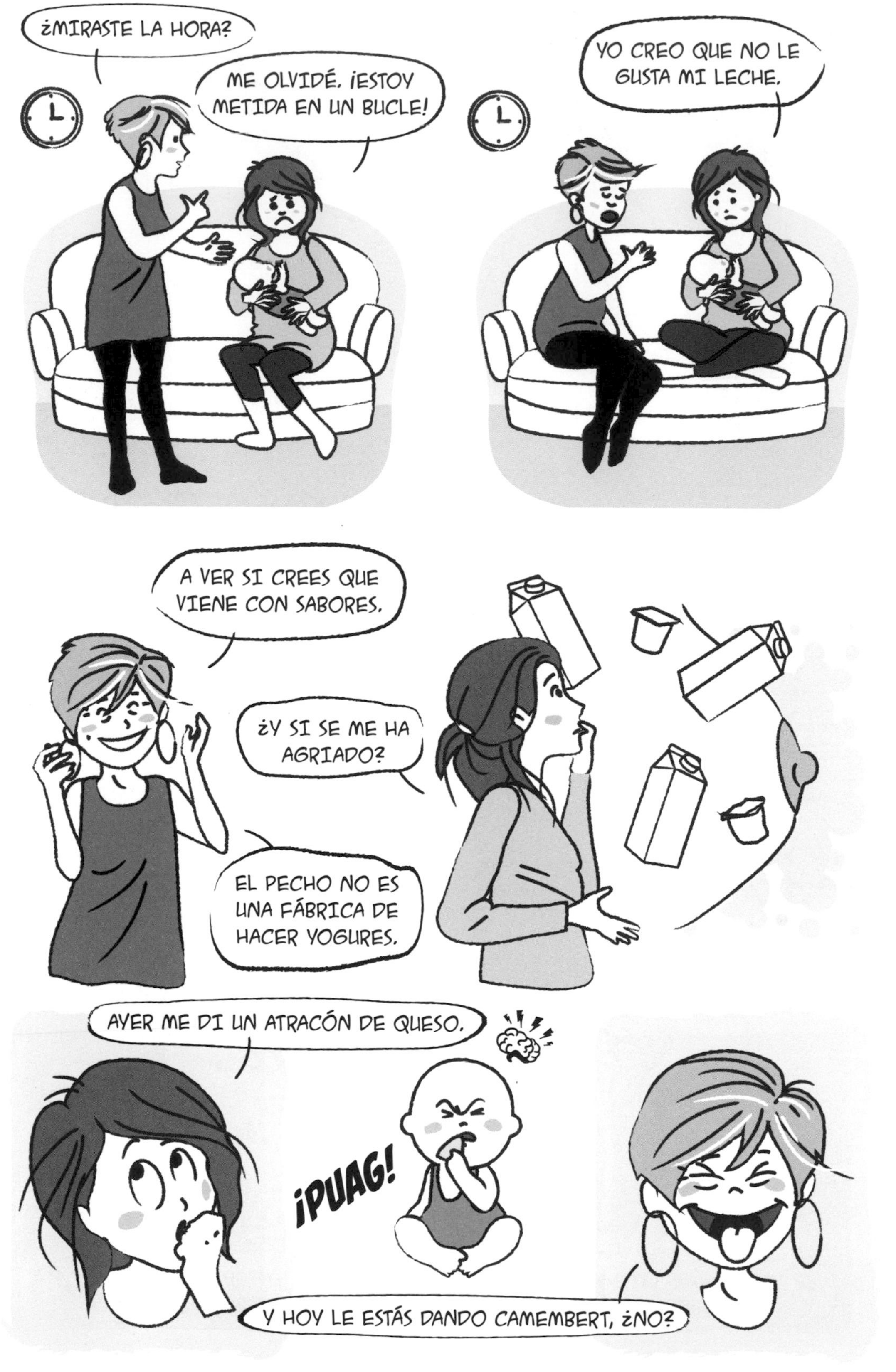

¿MIRASTE LA HORA?
ME OLVIDÉ. ¡ESTOY METIDA EN UN BUCLE!
YO CREO QUE NO LE GUSTA MI LECHE.
A VER SI CREES QUE VIENE CON SABORES.
¿Y SI SE ME HA AGRIADO?
EL PECHO NO ES UNA FÁBRICA DE HACER YOGURES.
AYER ME DI UN ATRACÓN DE QUESO.
¡PUAG!
Y HOY LE ESTÁS DANDO CAMEMBERT, ¿NO?

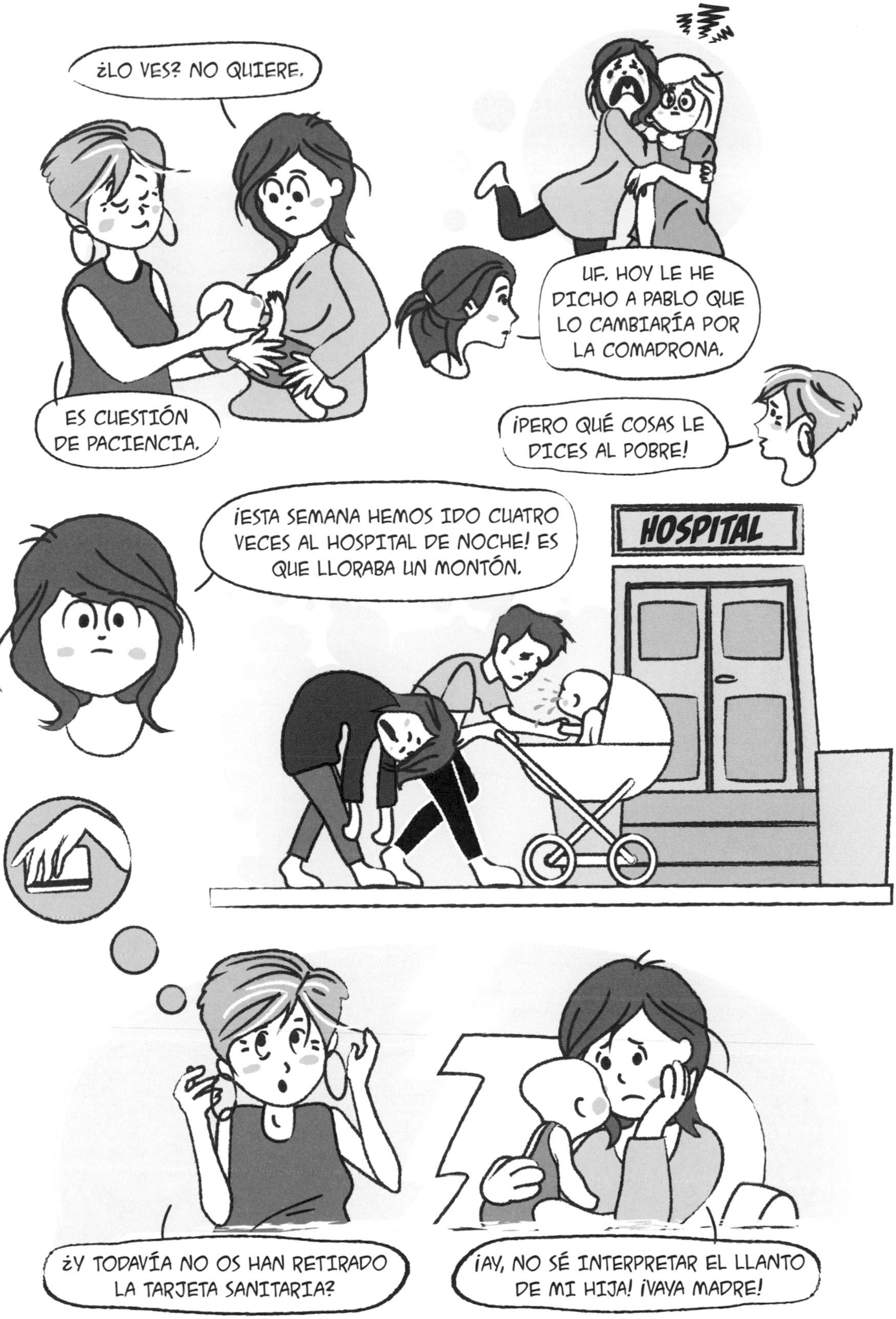
¿LO VES? NO QUIERE.
ES CUESTIÓN DE PACIENCIA.
UF. HOY LE HE DICHO A PABLO QUE LO CAMBIARÍA POR LA COMADRONA.
¡PERO QUÉ COSAS LE DICES AL POBRE!
¡ESTA SEMANA HEMOS IDO CUATRO VECES AL HOSPITAL DE NOCHE! ES QUE LLORABA UN MONTÓN.
HOSPITAL
¿Y TODAVÍA NO OS HAN RETIRADO LA TARJETA SANITARIA?
¡AY, NO SÉ INTERPRETAR EL LLANTO DE MI HIJA! ¡VAYA MADRE!

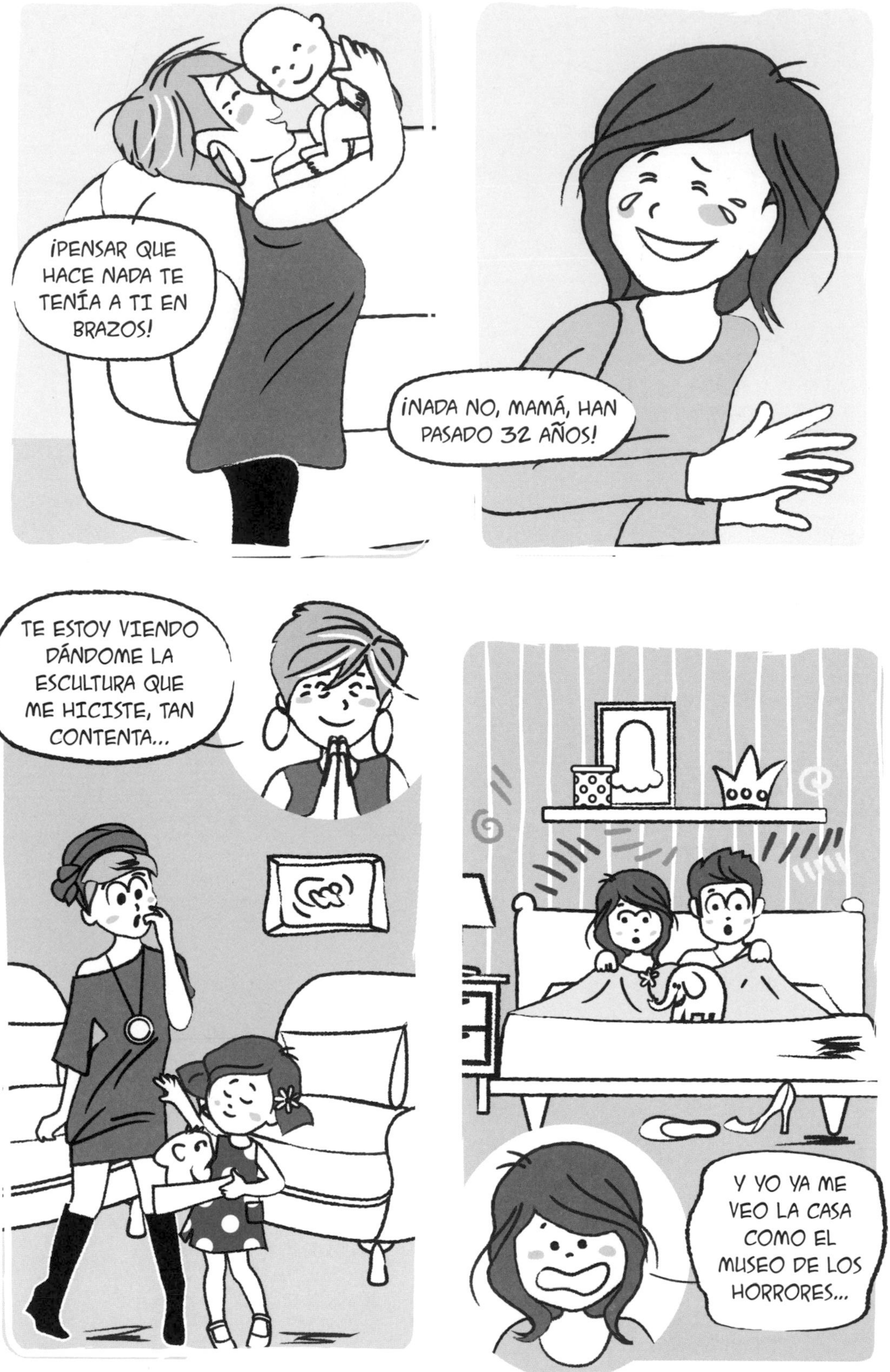
¡PENSAR QUE HACE NADA TE TENÍA A TI EN BRAZOS!
¡NADA NO, MAMÁ, HAN PASADO 32 AÑOS!
TE ESTOY VIENDO DÁNDOME LA ESCULTURA QUE ME HICISTE, TAN CONTENTA...
Y YO YA ME VEO LA CASA COMO EL MUSEO DE LOS HORRORES...

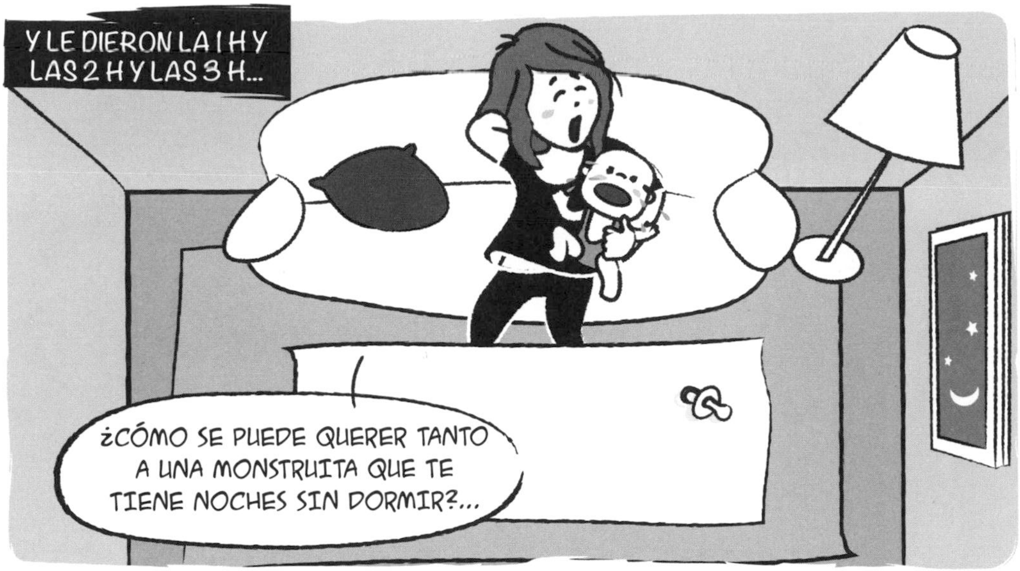
Y LE DIERON LA 1 H Y LAS 2 H Y LAS 3 H...
¿CÓMO SE PUEDE QUERER TANTO A UNA MONSTRUITA QUE TE TIENE NOCHES SIN DORMIR?...

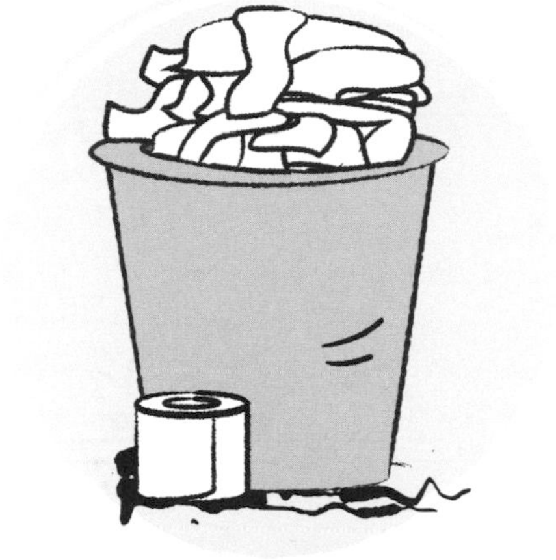

QUE NO PARA DE CAGAR PAÑALES...

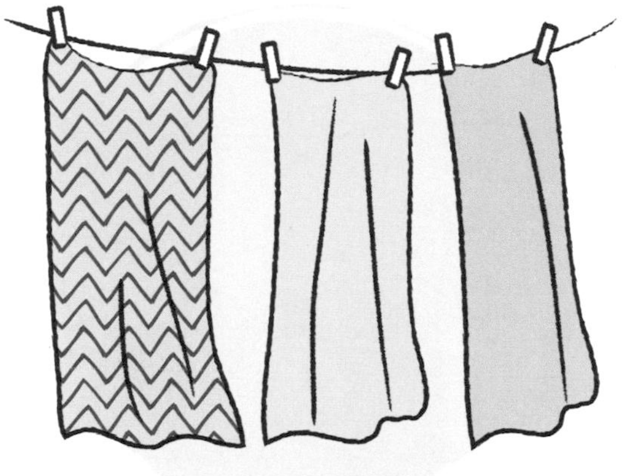

DE MEAR SÁBANAS...

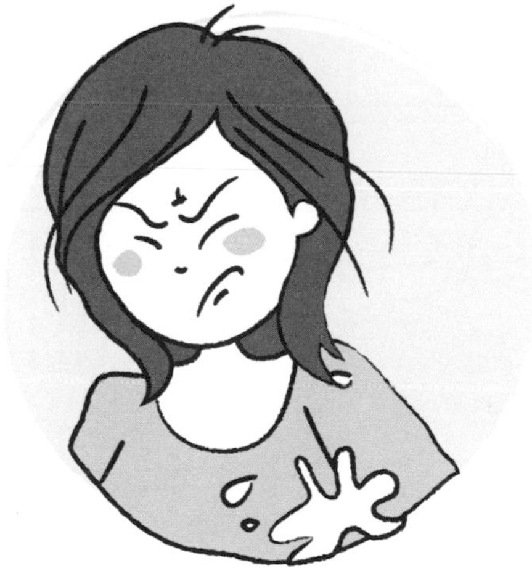

DE VOMITARTE ENCIMA...

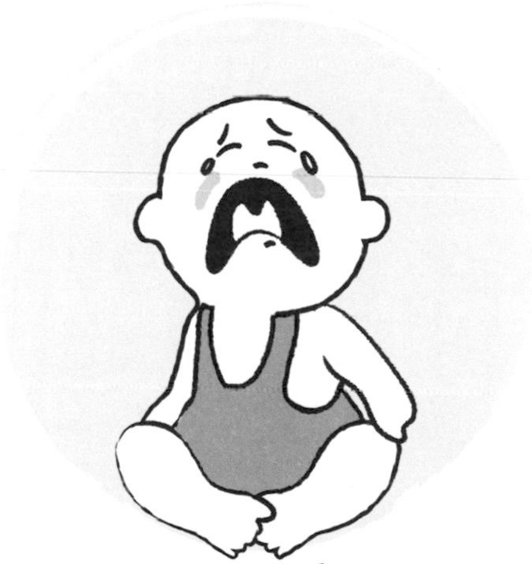

DE TENER CÓLICOS...

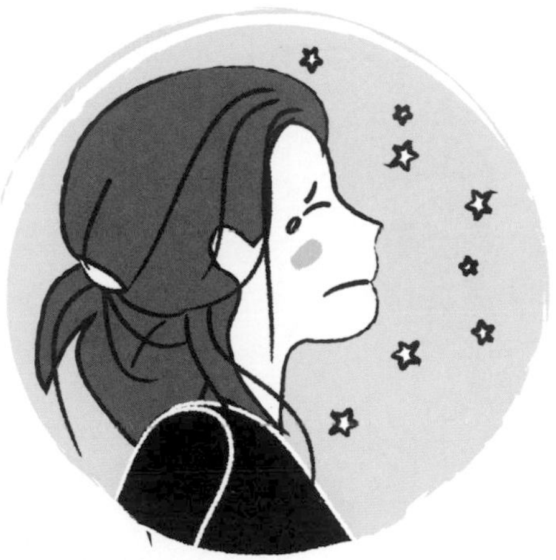

Y CUANDO MAMA, VES HASTA LAS ESTRELLAS ENANAS DEL FIRMAMENTO.

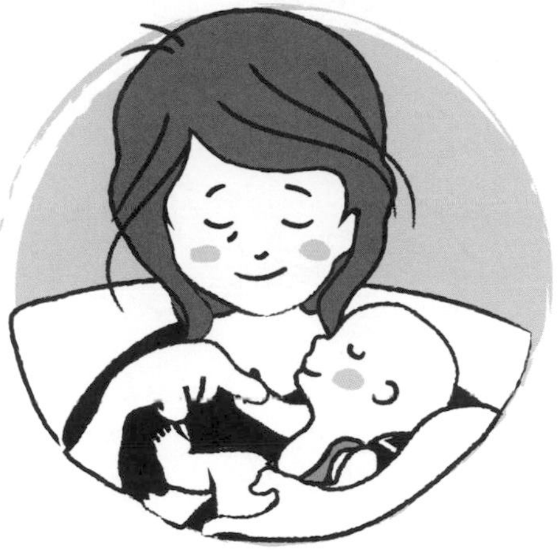

PERO NO PUEDO DEJAR DE MIRARLA. ¡ES TAN MONA!

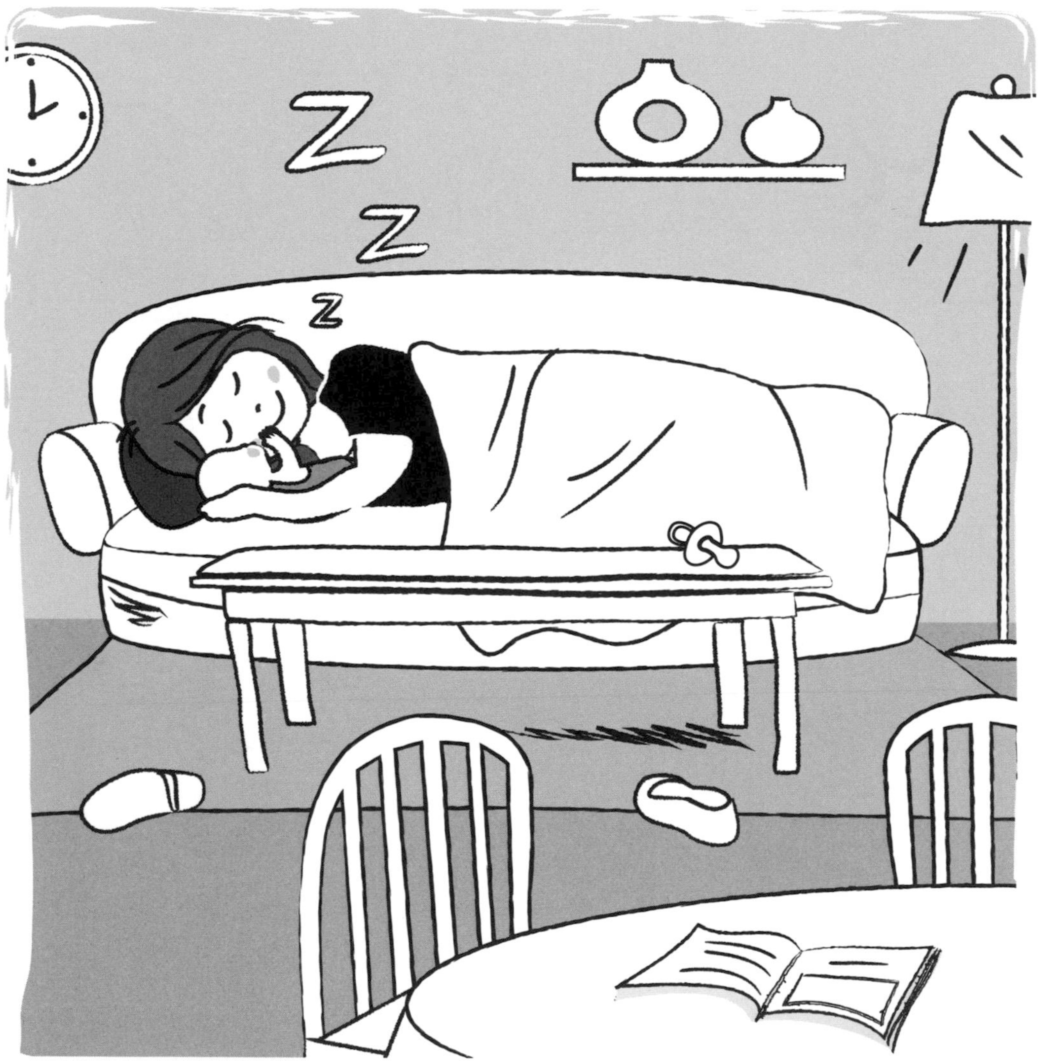
Z
Z
Z

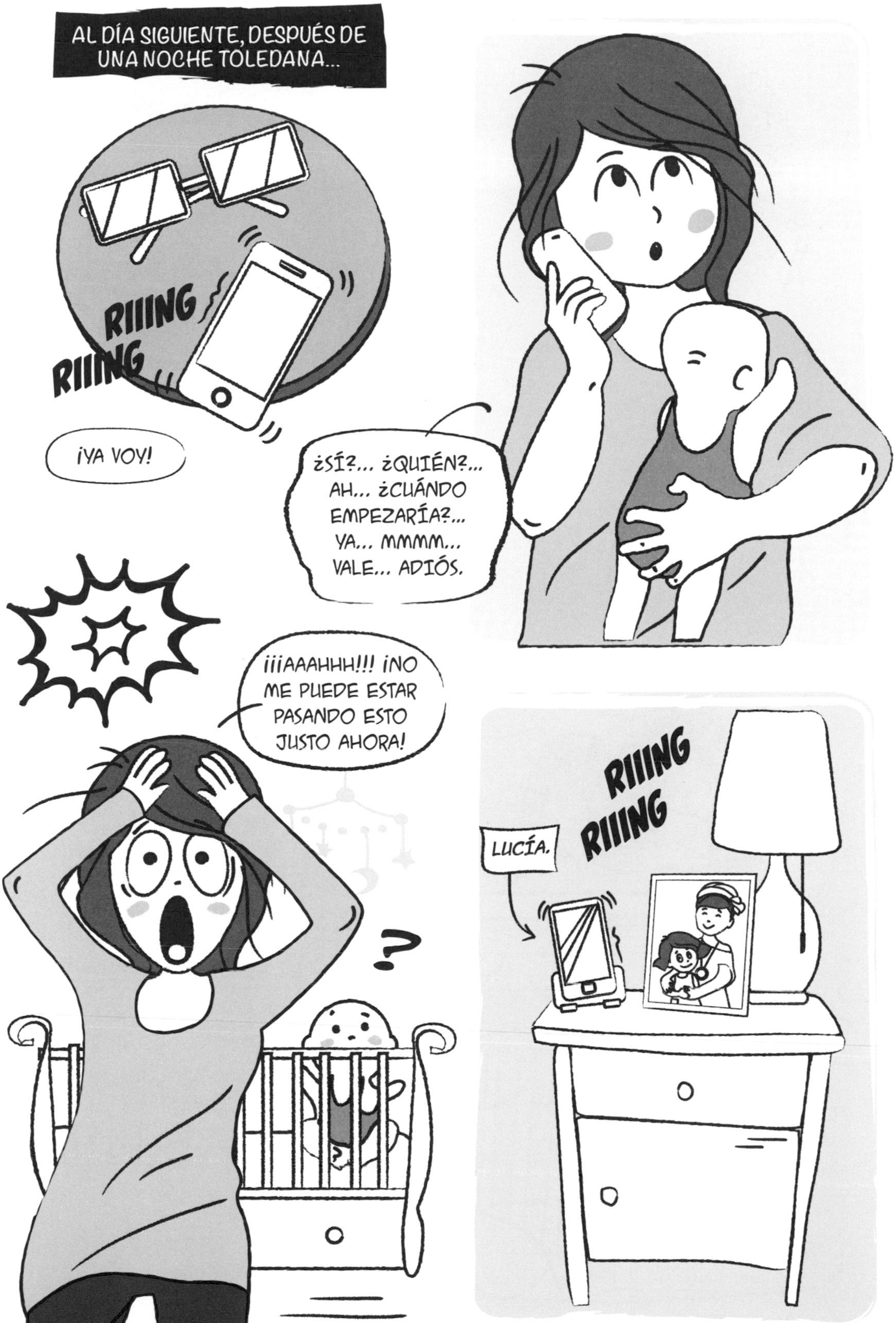

AL DÍA SIGUIENTE, DESPUÉS DE UNA NOCHE TOLEDANA...
RIIING
RIIING
¡YA VOY!
¿SÍ?... ¿QUIÉN?... AH... ¿CUÁNDO EMPEZARÍA?... YA... MMMM... VALE... ADIÓS.
¡¡¡AAAHHH!!! ¡NO ME PUEDE ESTAR PASANDO ESTO JUSTO AHORA!
?
RIIING
RIIING
LUCÍA.

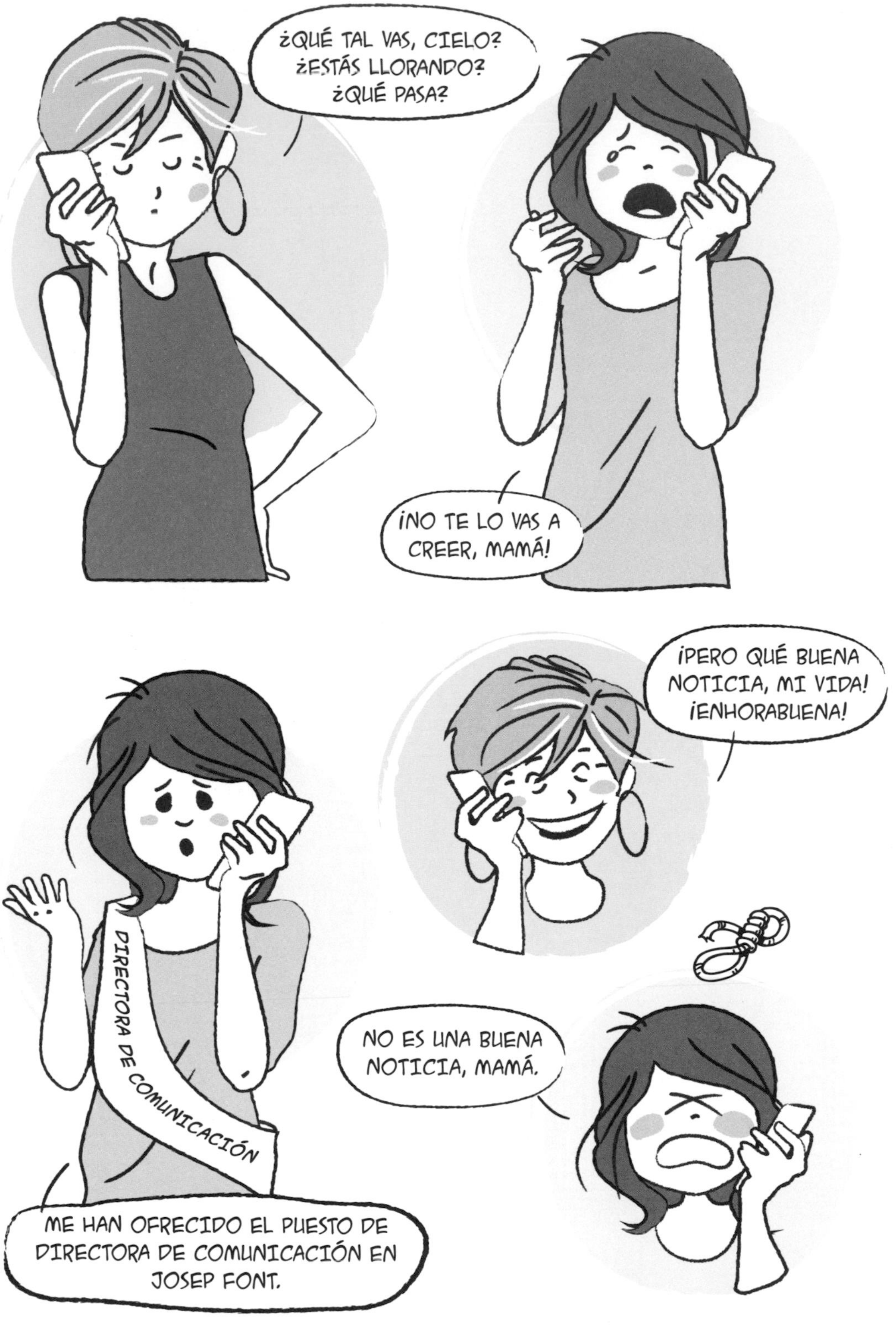
¿QUÉ TAL VAS, CIELO? ¿ESTÁS LLORANDO? ¿QUÉ PASA?
¡NO TE LO VAS A CREER, MAMÁ!
DIRECTORA DE COMUNICACIÓN
ME HAN OFRECIDO EL PUESTO DE DIRECTORA DE COMUNICACIÓN EN JOSEP FONT.
¡PERO QUÉ BUENA NOTICIA, MI VIDA! ¡ENHORABUENA!
NO ES UNA BUENA NOTICIA, MAMÁ.

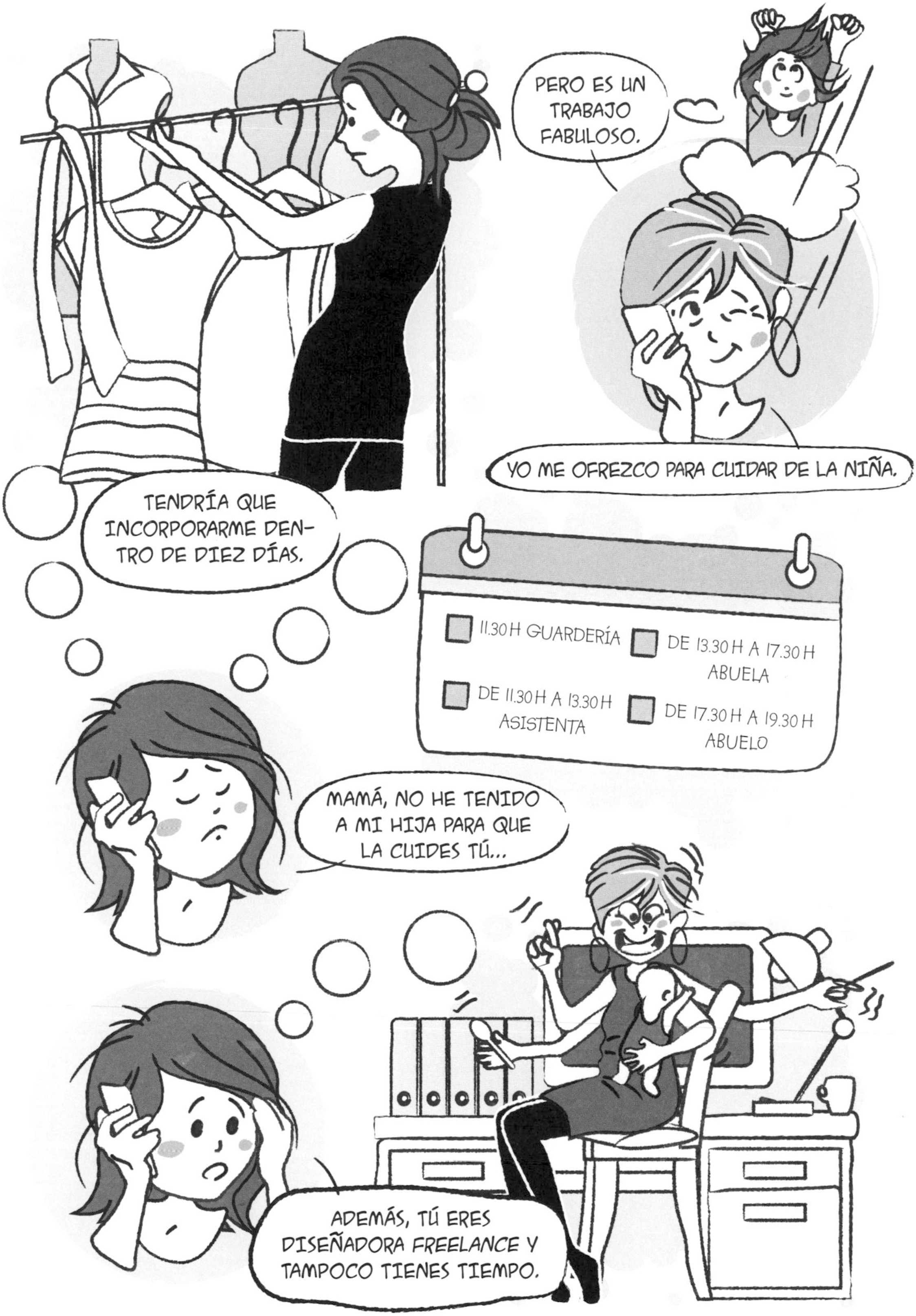
TENDRÍA QUE INCORPORARME DENTRO DE DIEZ DÍAS.
PERO ES UN TRABAJO FABULOSO.
YO ME OFREZCO PARA CUIDAR DE LA NIÑA.
11.30 H GUARDERÍA
DE 11.30 H A 13.30 H ASISTENTA
DE 13.30 H A 17.30 H ABUELA
DE 17.30 H A 19.30 H ABUELO
MAMÁ, NO HE TENIDO A MI HIJA PARA QUE LA CUIDES TÚ...
ADEMÁS, TÚ ERES DISEÑADORA FREELANCE Y TAMPOCO TIENES TIEMPO.

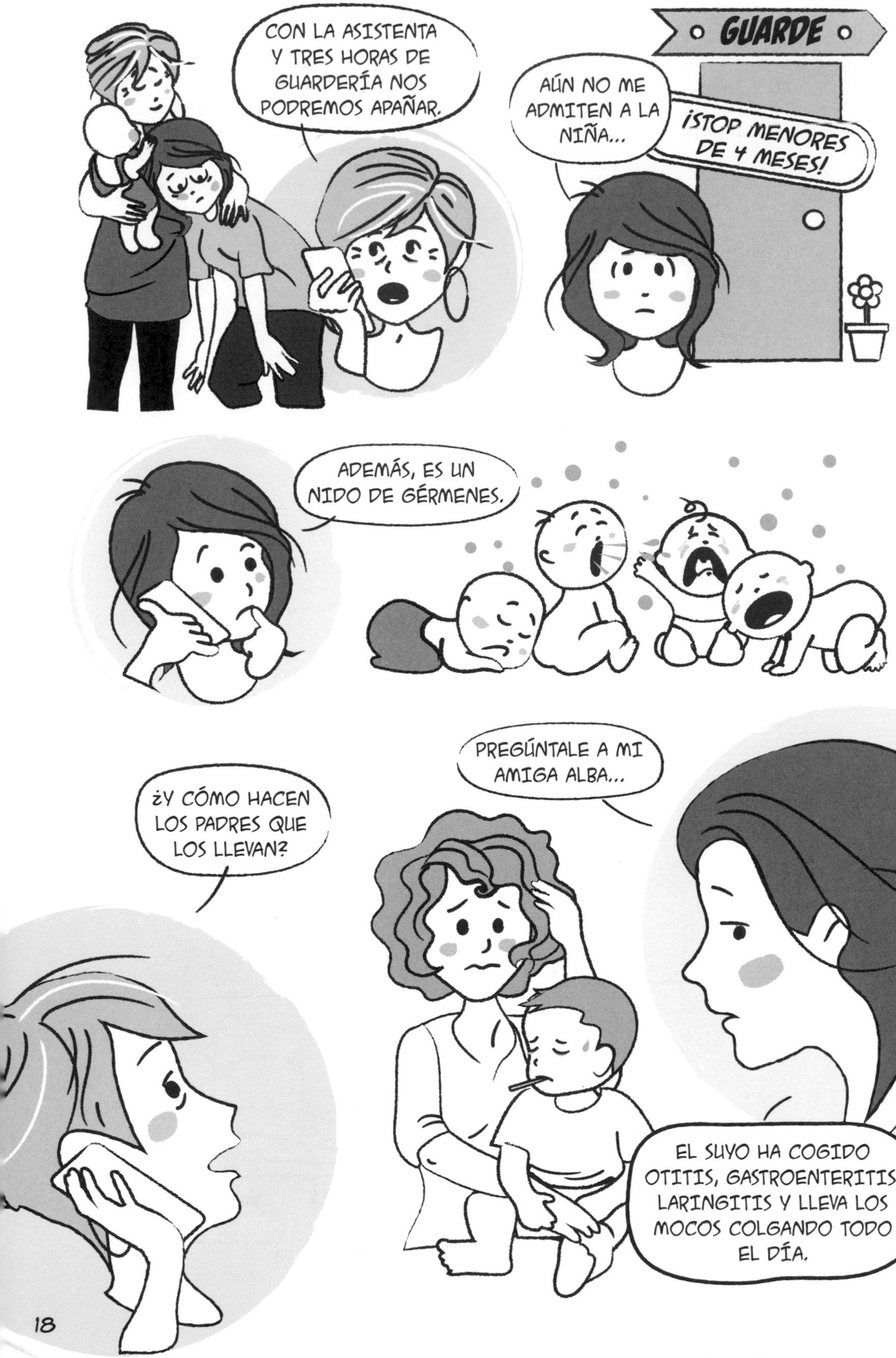
CON LA ASISTENTA Y TRES HORAS DE GUARDERÍA NOS PODREMOS APAÑAR.
GUARDE
AÚN NO ME ADMITEN A LA NIÑA...
¡STOP MENORES DE 4 MESES!
ADEMÁS, ES UN NIDO DE GÉRMENES.
¿Y CÓMO HACEN LOS PADRES QUE LOS LLEVAN?
PREGÚNTALE A MI AMIGA ALBA...
EL SUYO HA COGIDO OTITIS, GASTROENTERITIS, LARINGITIS Y LLEVA LOS MOCOS COLGANDO TODO EL DÍA.

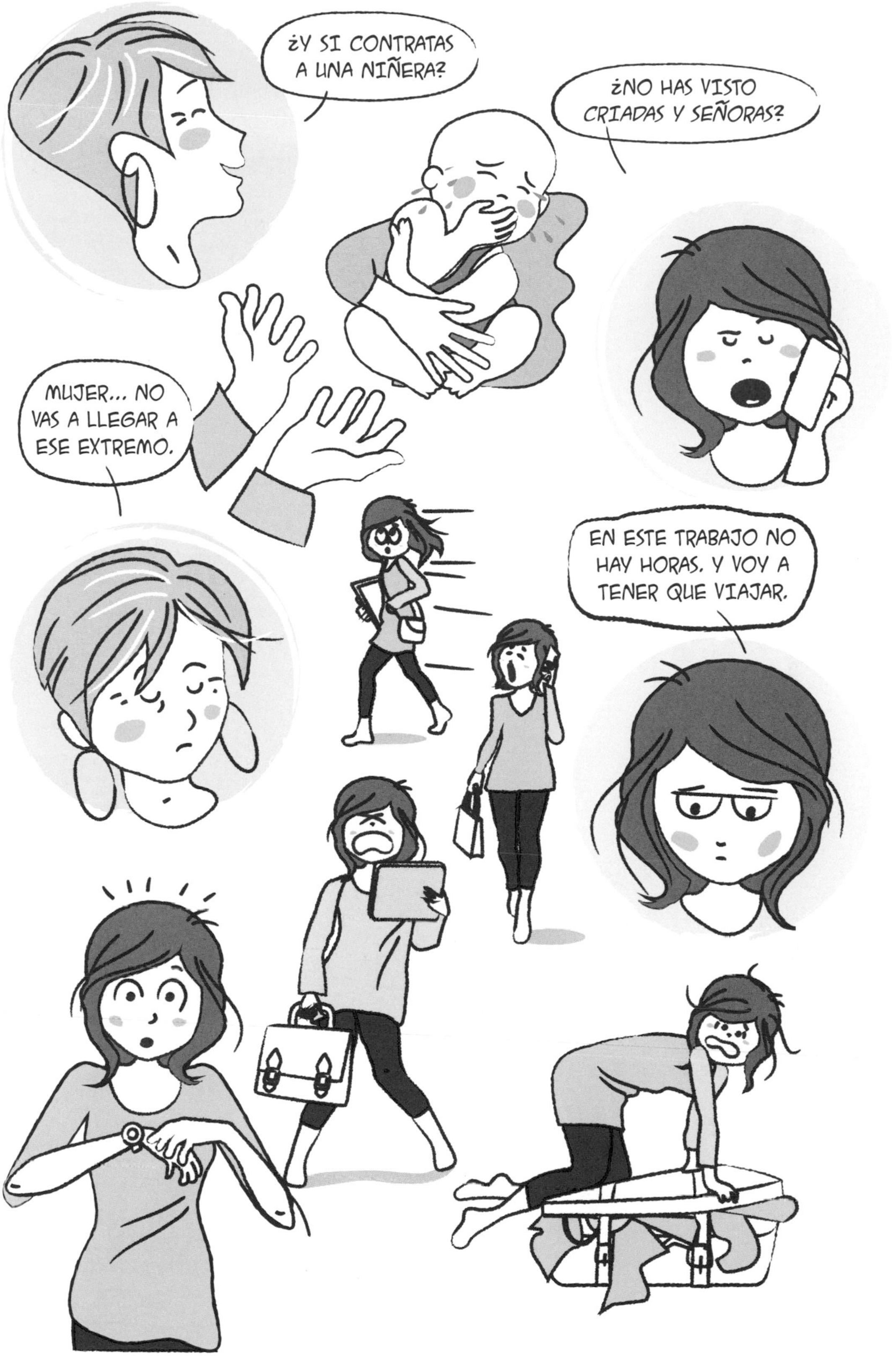
¿Y SI CONTRATAS A UNA NIÑERA?
¿NO HAS VISTO CRIADAS Y SEÑORAS?
MUJER... NO VAS A LLEGAR A ESE EXTREMO.
EN ESTE TRABAJO NO HAY HORAS. Y VOY A TENER QUE VIAJAR.

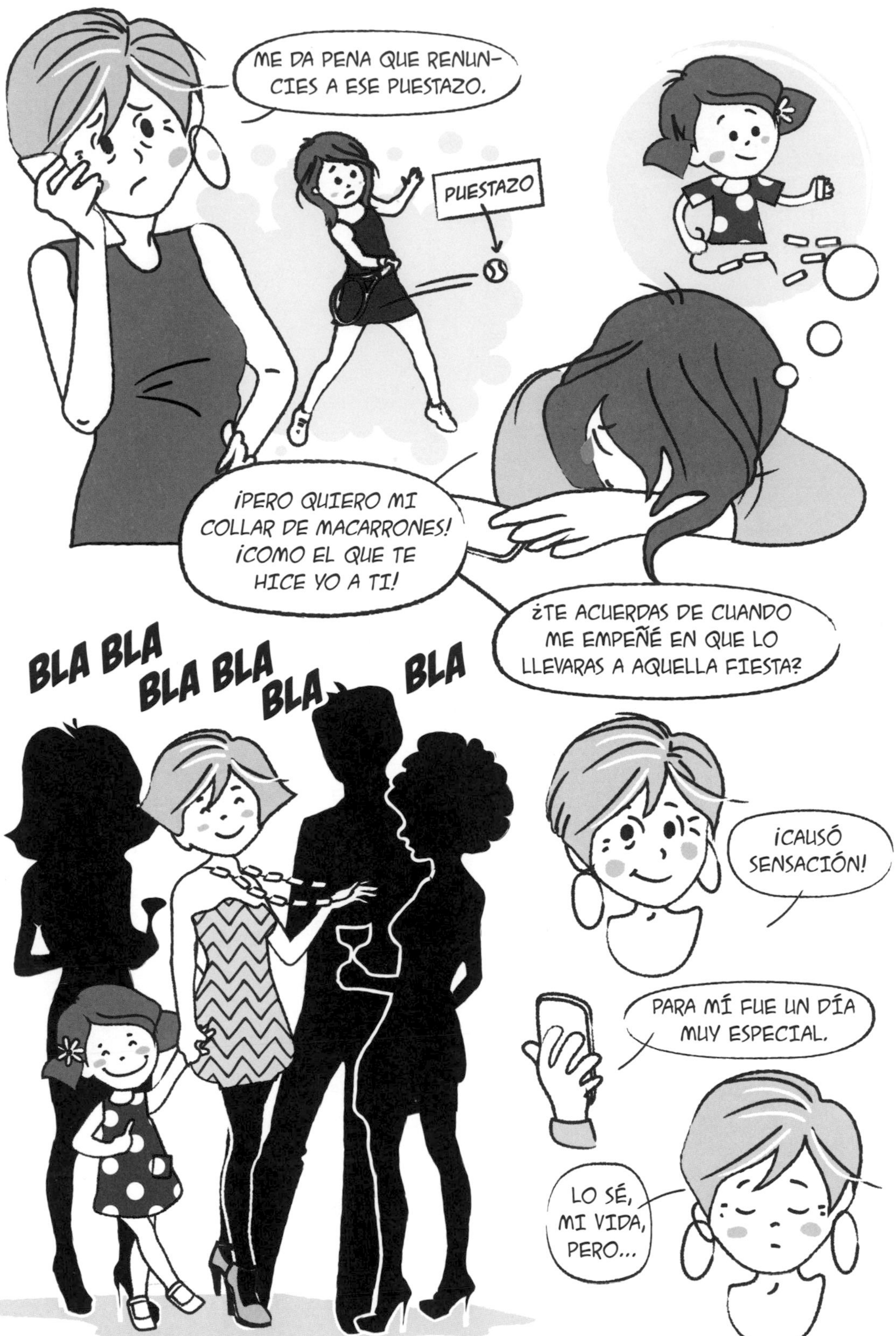
ME DA PENA QUE RENUNCIES A ESE PUESTAZO.
PUESTAZO
¡PERO QUIERO MI COLLAR DE MACARRONES! ¡COMO EL QUE TE HICE YO A TI!
¿TE ACUERDAS DE CUANDO ME EMPEÑÉ EN QUE LO LLEVARAS A AQUELLA FIESTA?
BLA BLA BLA BLA BLA BLA
¡CAUSÓ SENSACIÓN!
PARA MÍ FUE UN DÍA MUY ESPECIAL.
LO SÉ, MI VIDA, PERO...

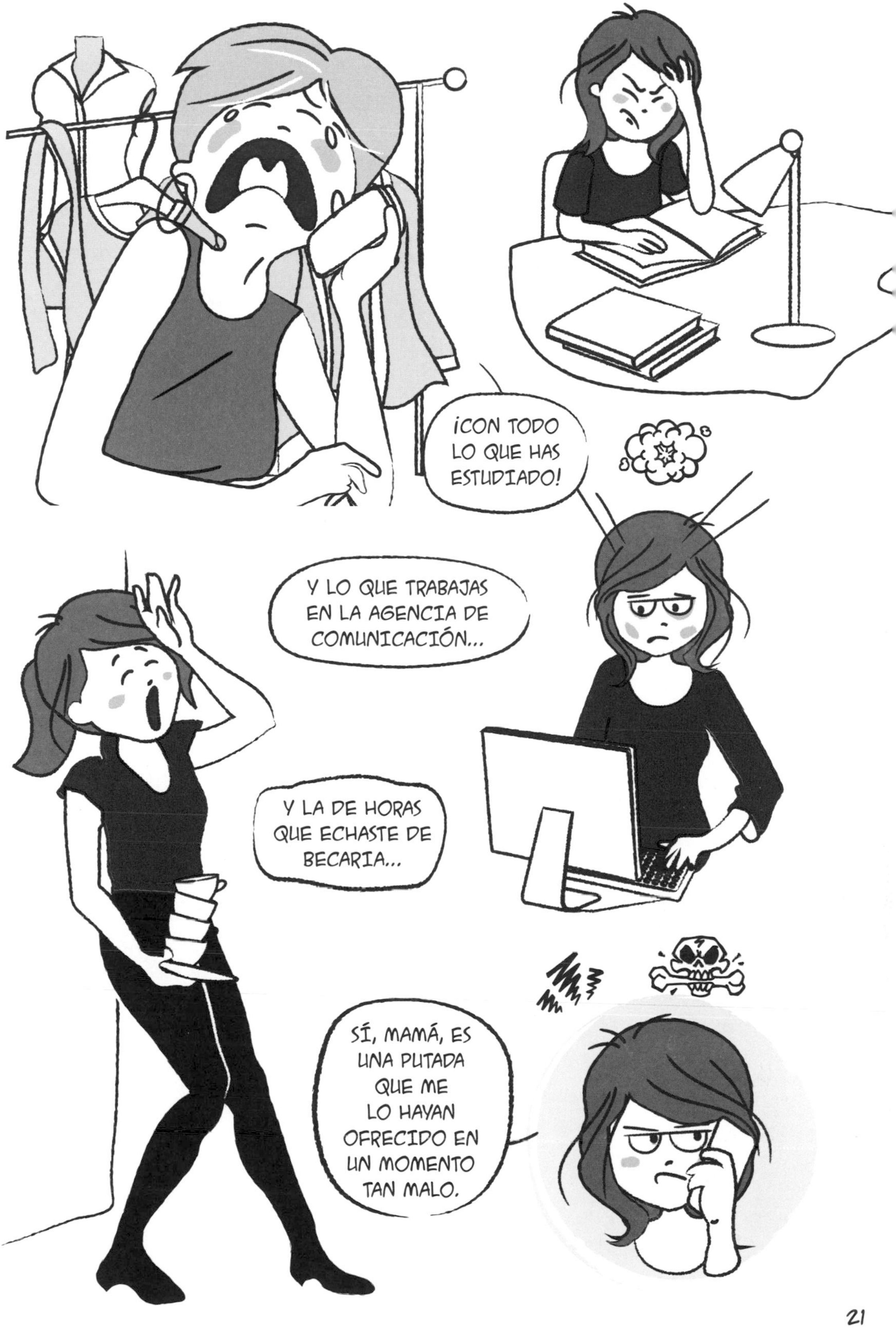
¡CON TODO
LO QUE HAS
ESTUDIADO!
Y LO QUE TRABAJAS
EN LA AGENCIA DE
COMUNICACIÓN...
Y LA DE HORAS
QUE ECHASTE DE
BECARIA...
SÍ, MAMÁ, ES
UNA PUTADA
QUE ME
LO HAYAN
OFRECIDO EN
UN MOMENTO
TAN MALO.

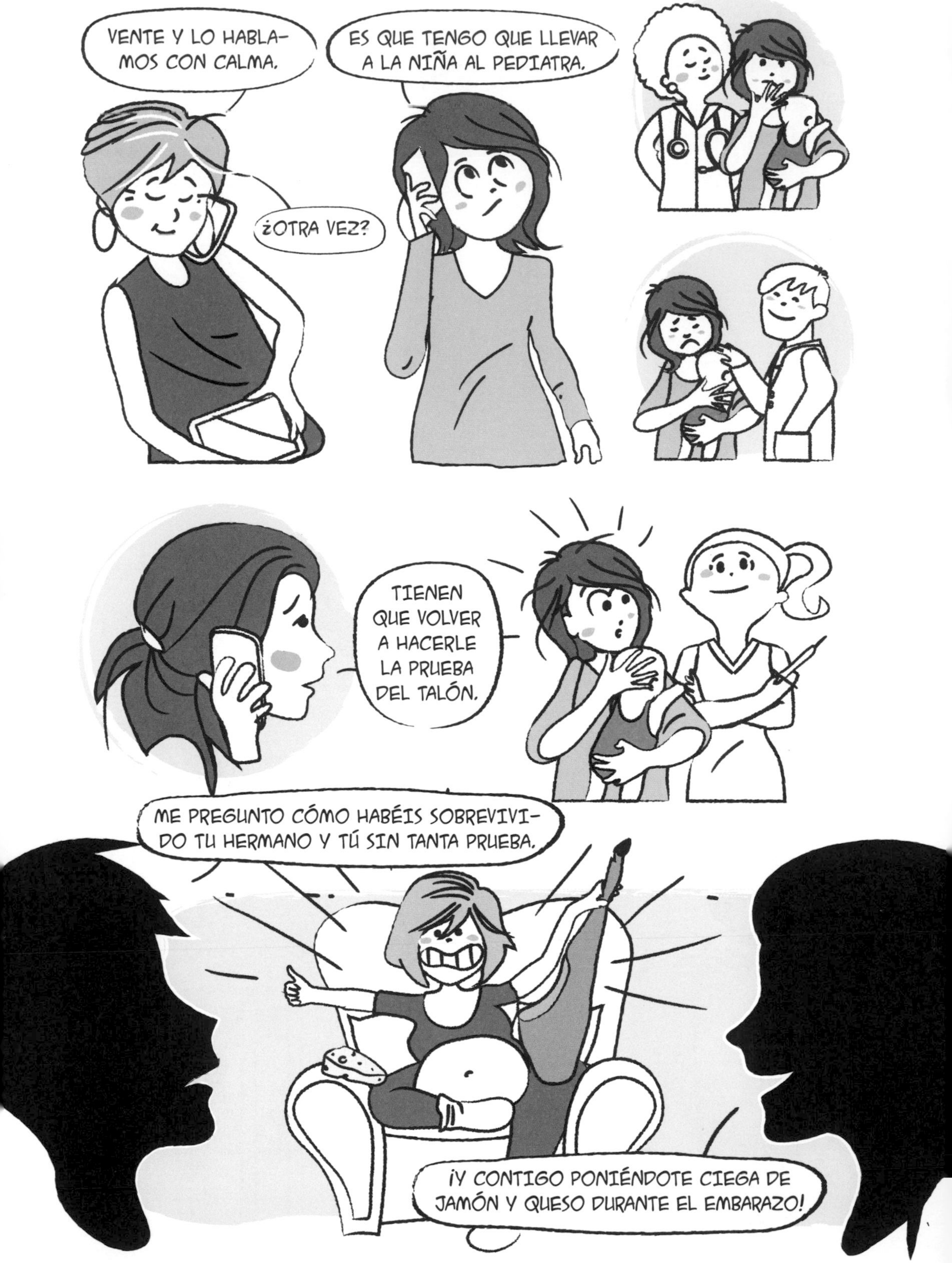
VENTE Y LO HABLAMOS CON CALMA.
ES QUE TENGO QUE LLEVAR A LA NIÑA AL PEDIATRA.
¿OTRA VEZ?
TIENEN QUE VOLVER A HACERLE LA PRUEBA DEL TALÓN.
ME PREGUNTO CÓMO HABÉIS SOBREVIVIDO TU HERMANO Y TÚ SIN TANTA PRUEBA.
¡Y CONTIGO PONIÉNDOTE CIEGA DE JAMÓN Y QUESO DURANTE EL EMBARAZO!

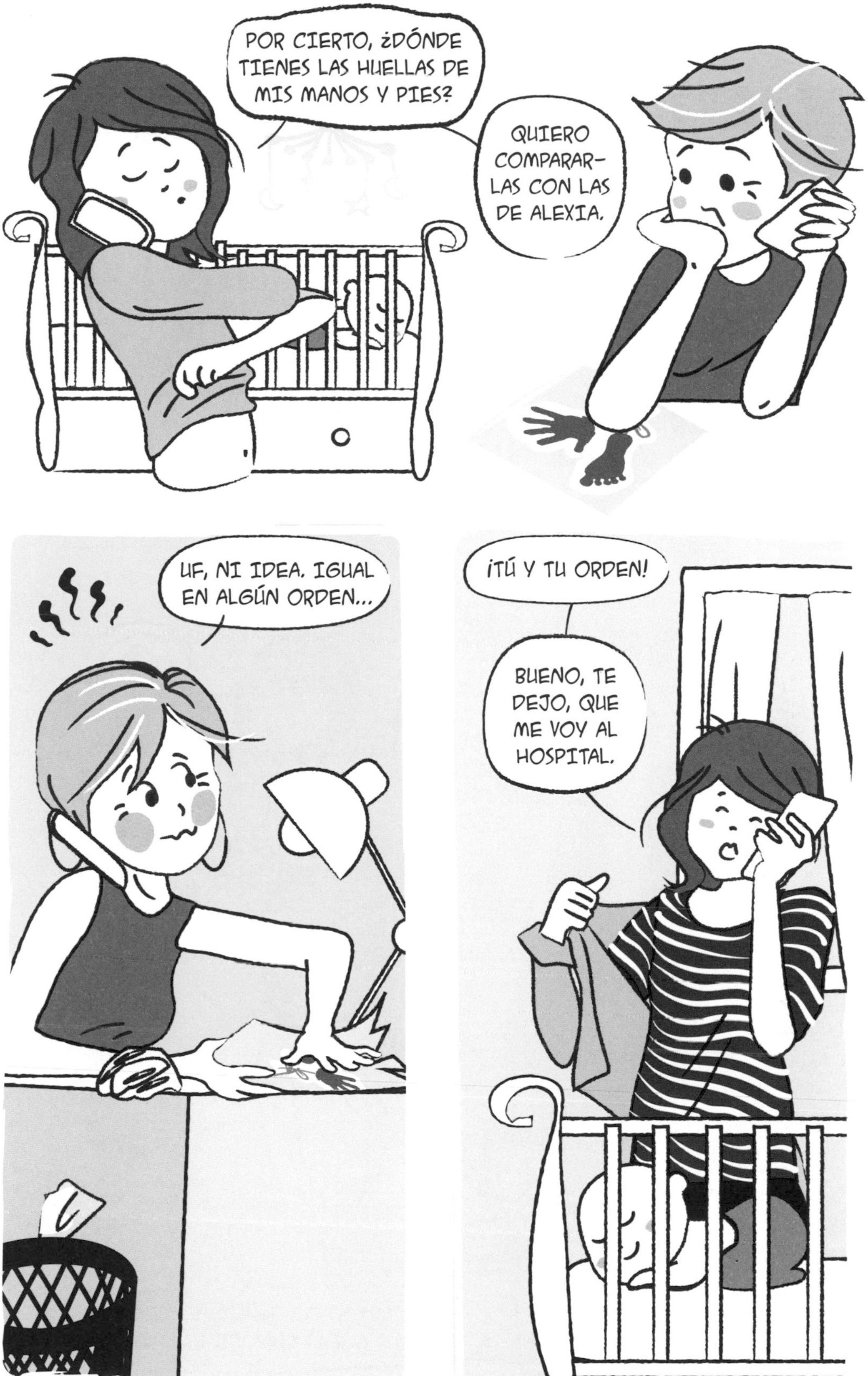
POR CIERTO, ¿DÓNDE TIENES LAS HUELLAS DE MIS MANOS Y PIES?
QUIERO COMPARARLAS CON LAS DE ALEXIA.
UF, NI IDEA. IGUAL EN ALGÚN ORDEN...
¡TÚ Y TU ORDEN!
BUENO, TE DEJO, QUE ME VOY AL HOSPITAL.

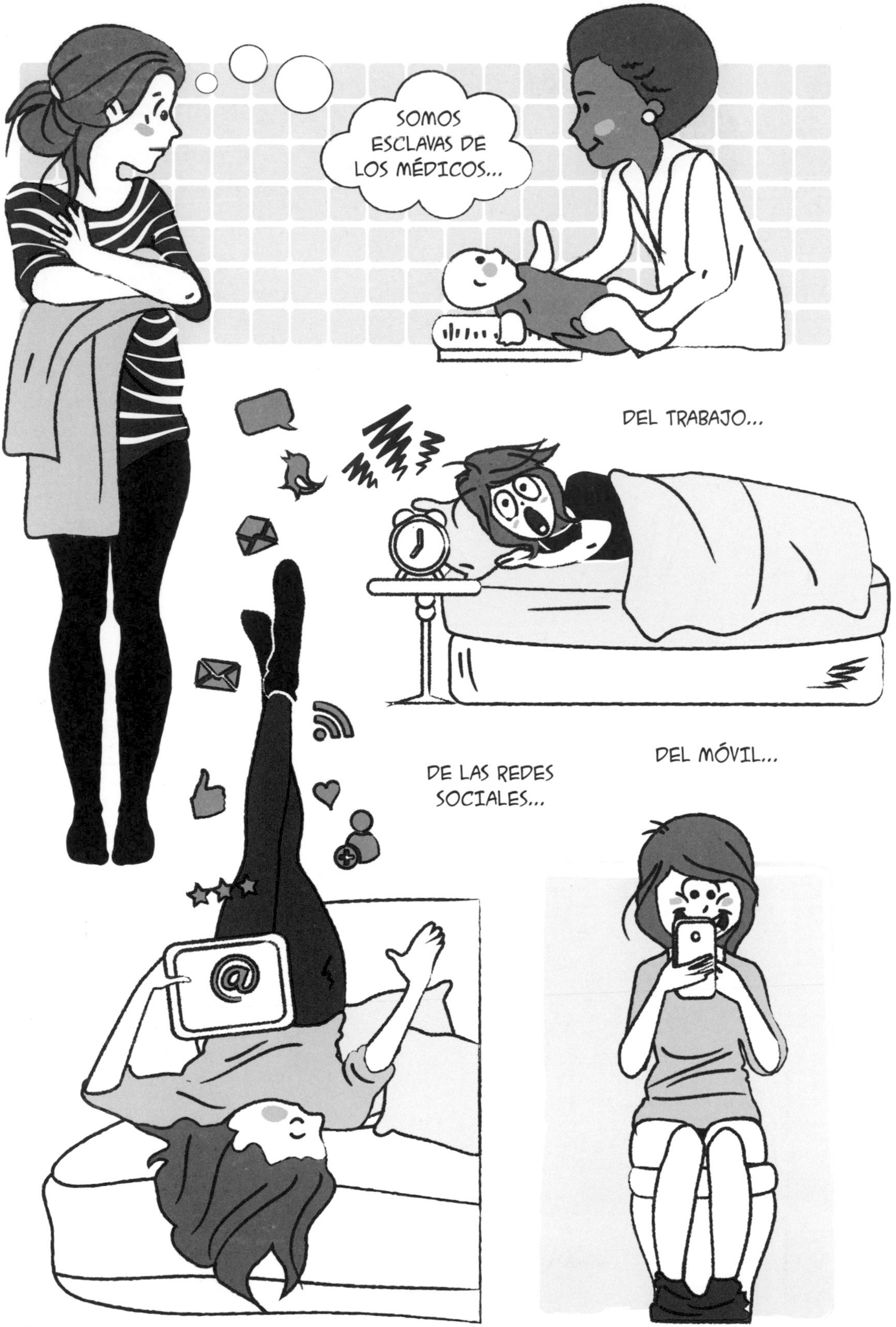
SOMOS ESCLAVAS DE LOS MÉDICOS...
DEL TRABAJO...
DE LAS REDES SOCIALES...
DEL MÓVIL...

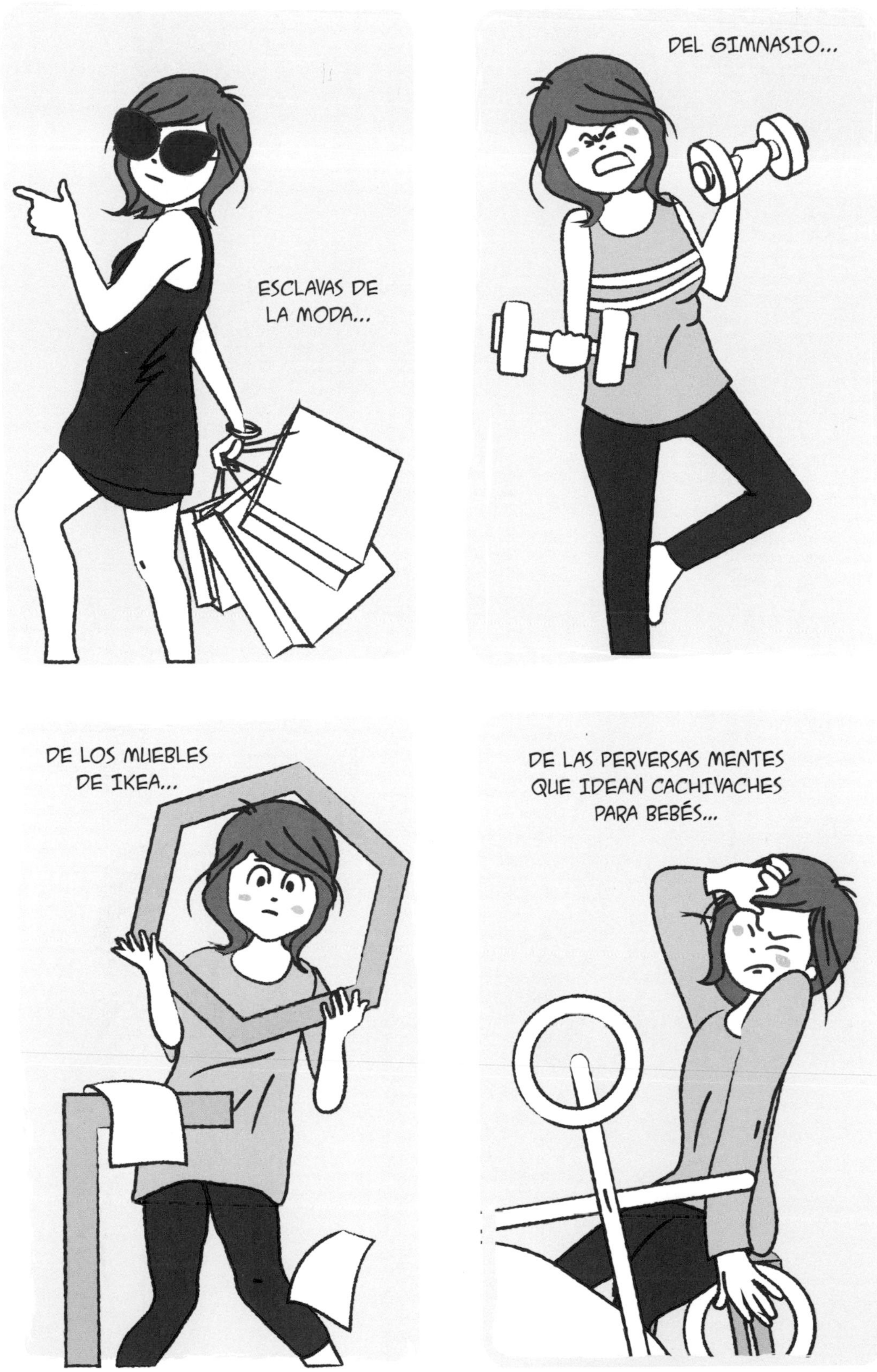
ESCLAVAS DE
LA MODA...
DEL GIMNASIO...
DE LOS MUEBLES
DE IKEA...
DE LAS PERVERSAS MENTES
QUE IDEAN CACHIVACHES
PARA BEBÉS...

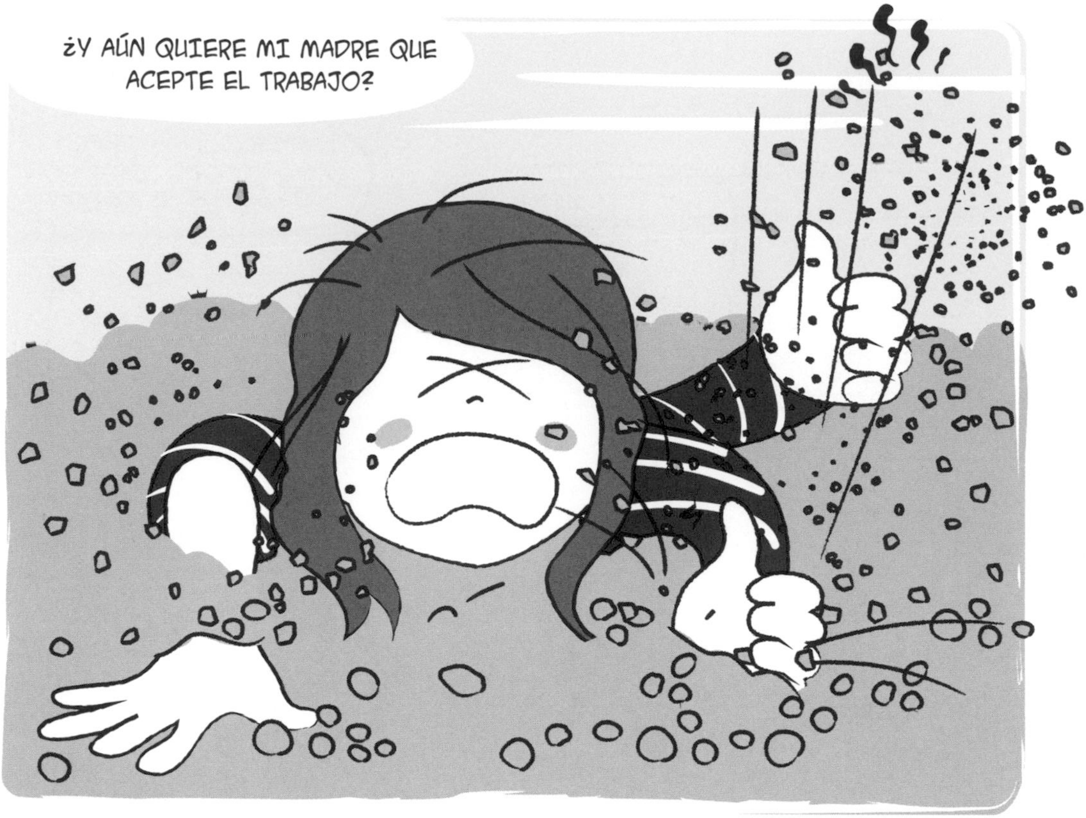
¿Y AÚN QUIERE MI MADRE QUE ACEPTE EL TRABAJO?

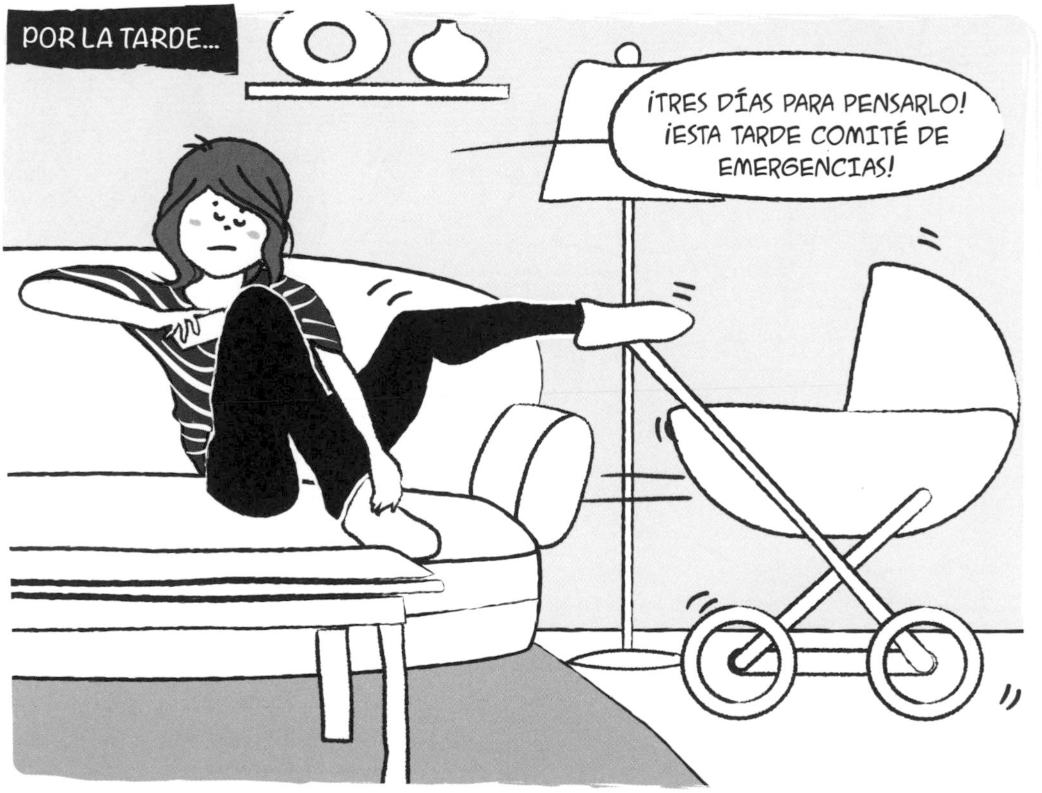
POR LA TARDE...
¡TRES DÍAS PARA PENSARLO! ¡ESTA TARDE COMITÉ DE EMERGENCIAS!

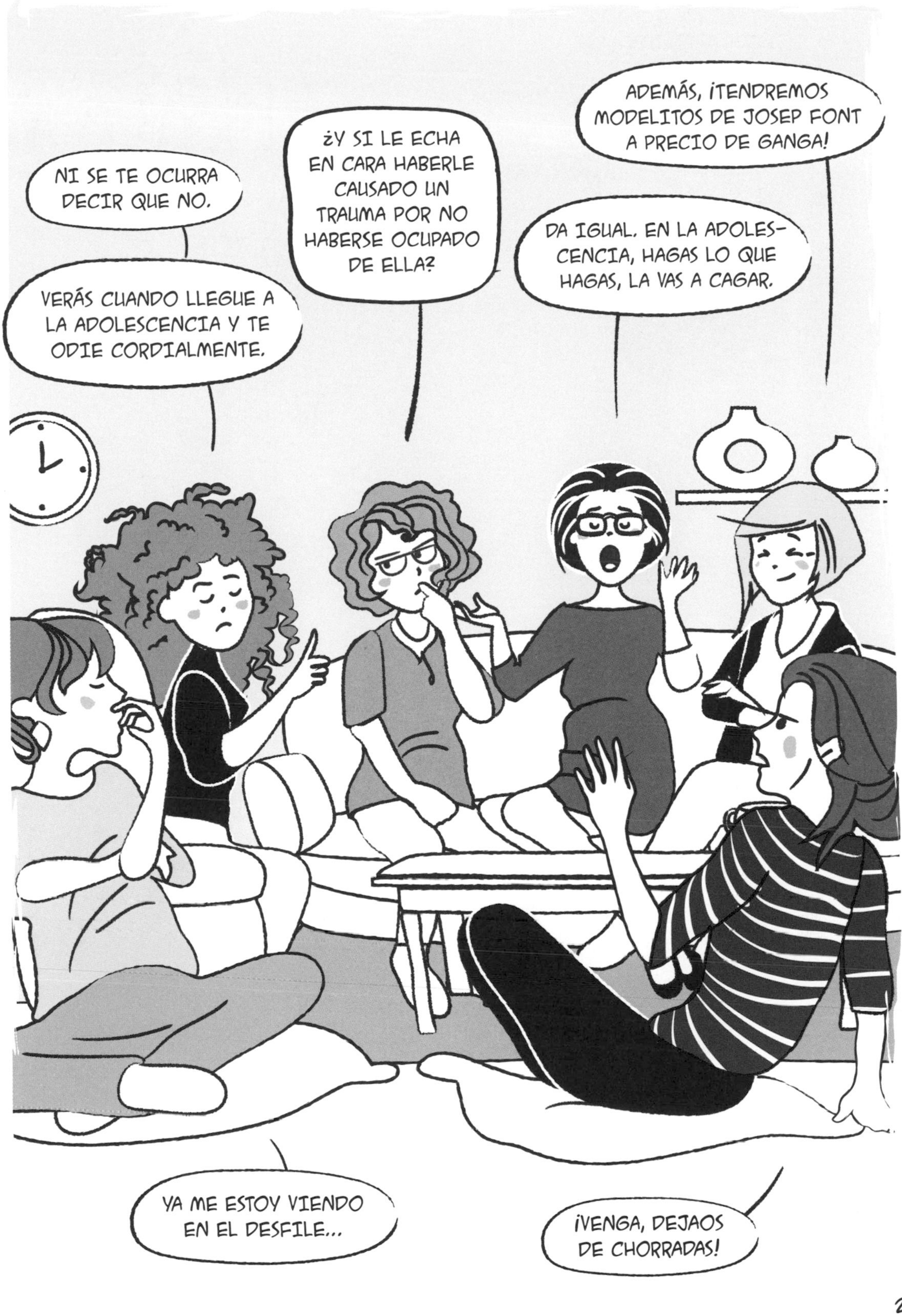
NI SE TE OCURRA DECIR QUE NO.
VERÁS CUANDO LLEGUE A LA ADOLESCENCIA Y TE ODIE CORDIALMENTE.
¿Y SI LE ECHA EN CARA HABERLE CAUSADO UN TRAUMA POR NO HABERSE OCUPADO DE ELLA?
DA IGUAL. EN LA ADOLESCENCIA, HAGAS LO QUE HAGAS, LA VAS A CAGAR.
ADEMÁS, ¡TENDREMOS MODELITOS DE JOSEP FONT A PRECIO DE GANGA!
YA ME ESTOY VIENDO EN EL DESFILE...
¡VENGA, DEJAOS DE CHORRADAS!

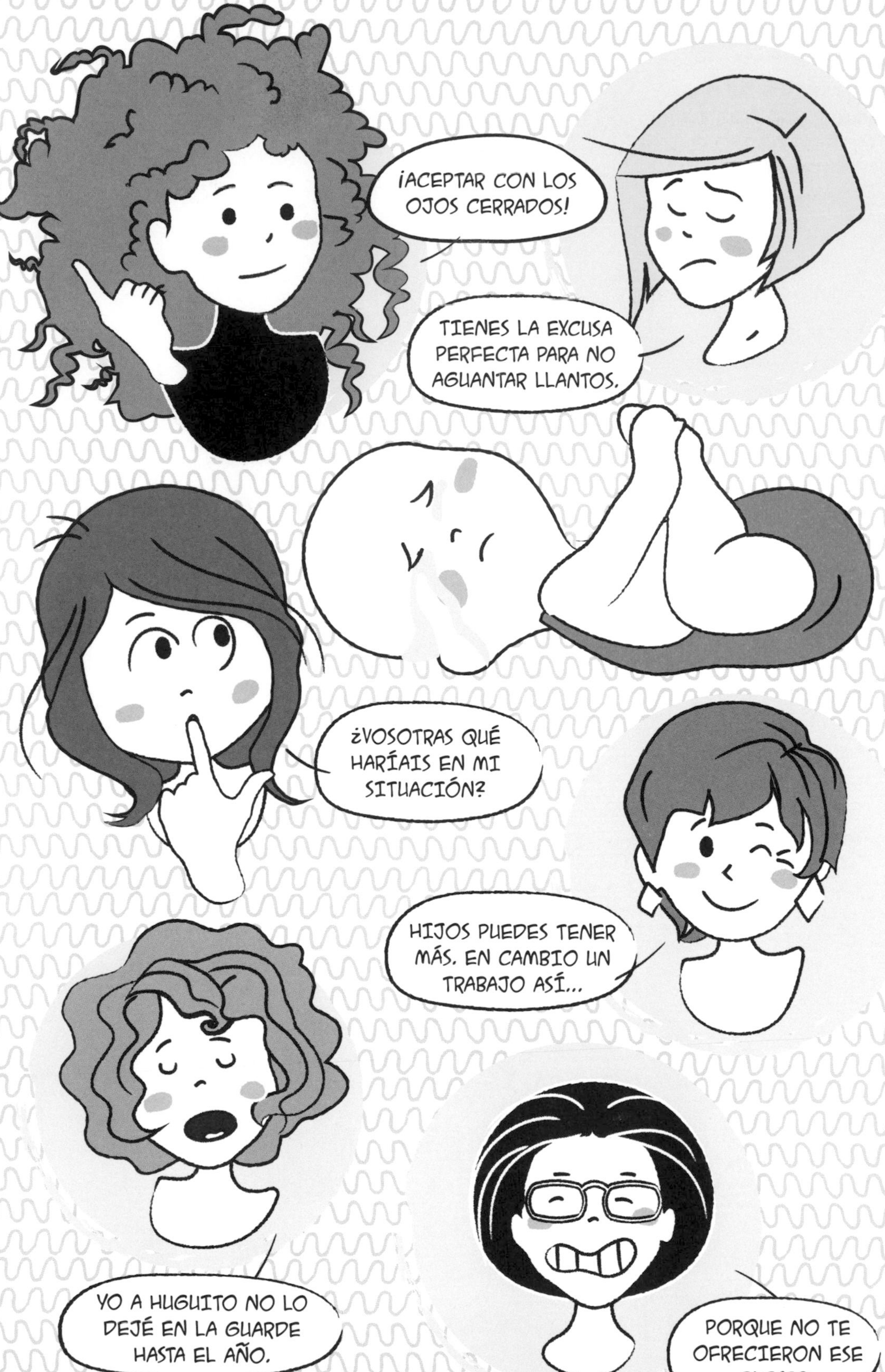
¡ACEPTAR CON LOS OJOS CERRADOS!
TIENES LA EXCUSA PERFECTA PARA NO AGUANTAR LLANTOS.
¿VOSOTRAS QUÉ HARÍAIS EN MI SITUACIÓN?
HIJOS PUEDES TENER MÁS. EN CAMBIO UN TRABAJO ASÍ...
YO A HUGUITO NO LO DEJÉ EN LA GUARDE HASTA EL AÑO.
PORQUE NO TE OFRECIERON ESE PUESTO.

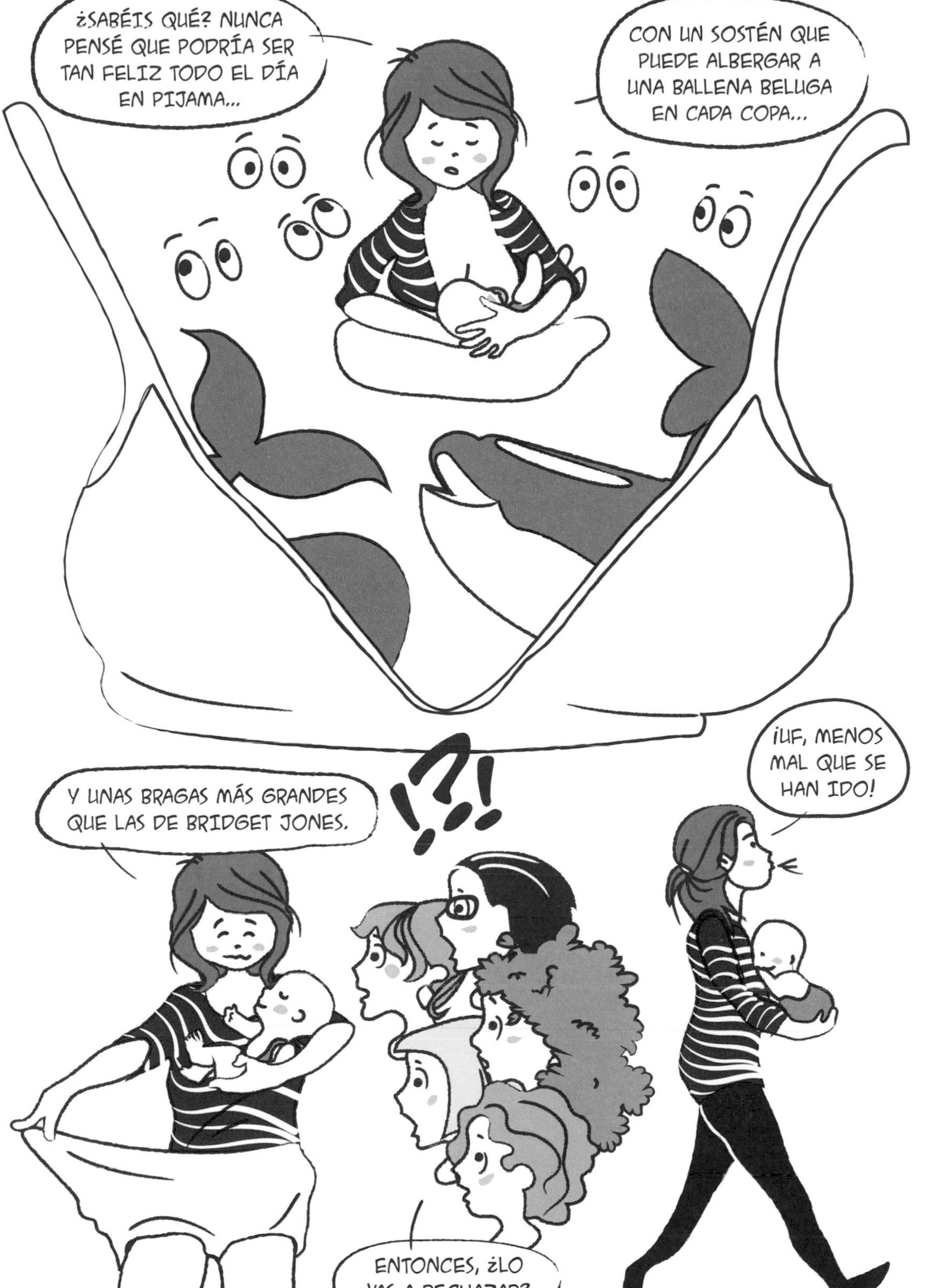
¿SABÉIS QUÉ? NUNCA PENSÉ QUE PODRÍA SER TAN FELIZ TODO EL DÍA EN PIJAMA...
CON UN SOSTÉN QUE PUEDE ALBERGAR A UNA BALLENA BELUGA EN CADA COPA...
Y UNAS BRAGAS MÁS GRANDES QUE LAS DE BRIDGET JONES.
!?!
ENTONCES, ¿LO VAS A RECHAZAR?
¡UF, MENOS MAL QUE SE HAN IDO!

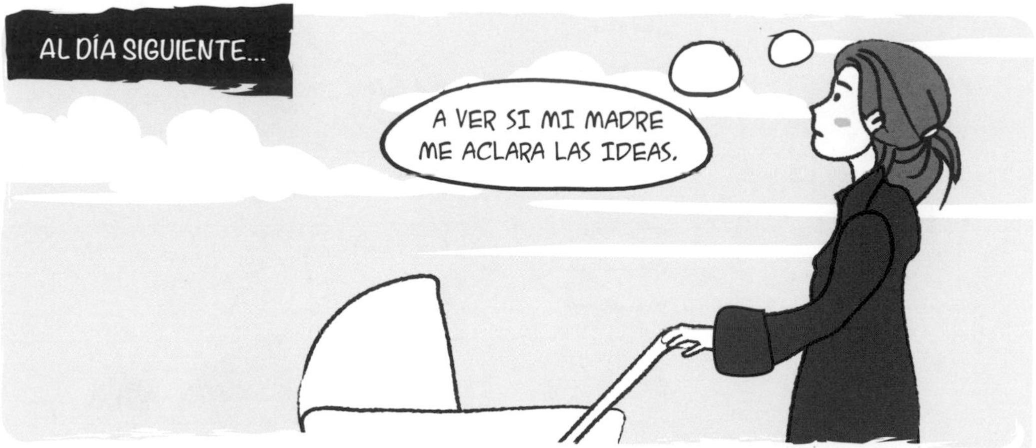
AL DÍA SIGUIENTE...
A VER SI MI MADRE ME ACLARA LAS IDEAS.

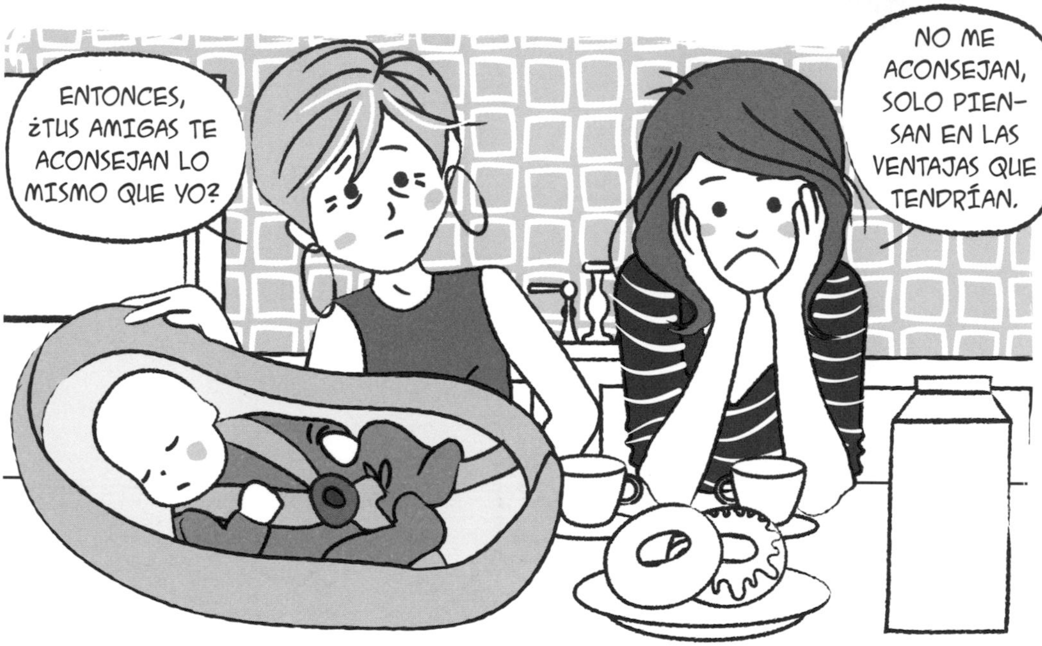
ENTONCES, ¿TUS AMIGAS TE ACONSEJAN LO MISMO QUE YO?
NO ME ACONSEJAN, SOLO PIEN-SAN EN LAS VENTAJAS QUE TENDRÍAN.

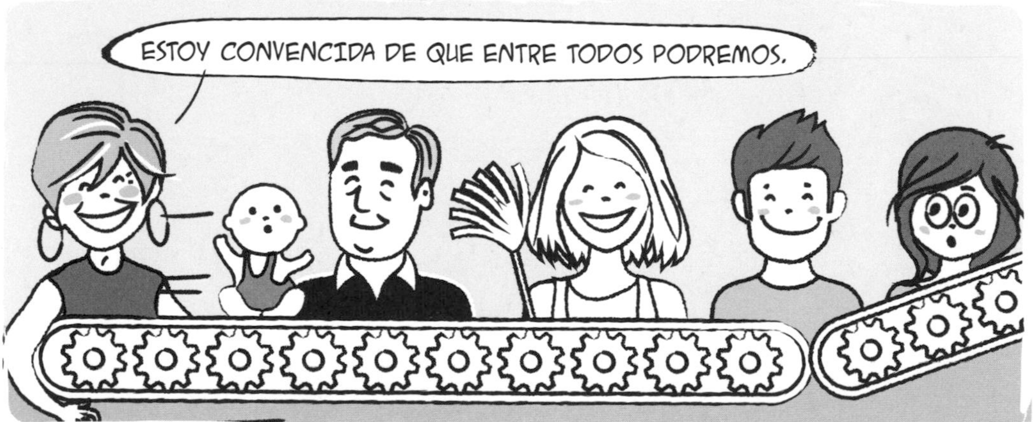
ESTOY CONVENCIDA DE QUE ENTRE TODOS PODREMOS.

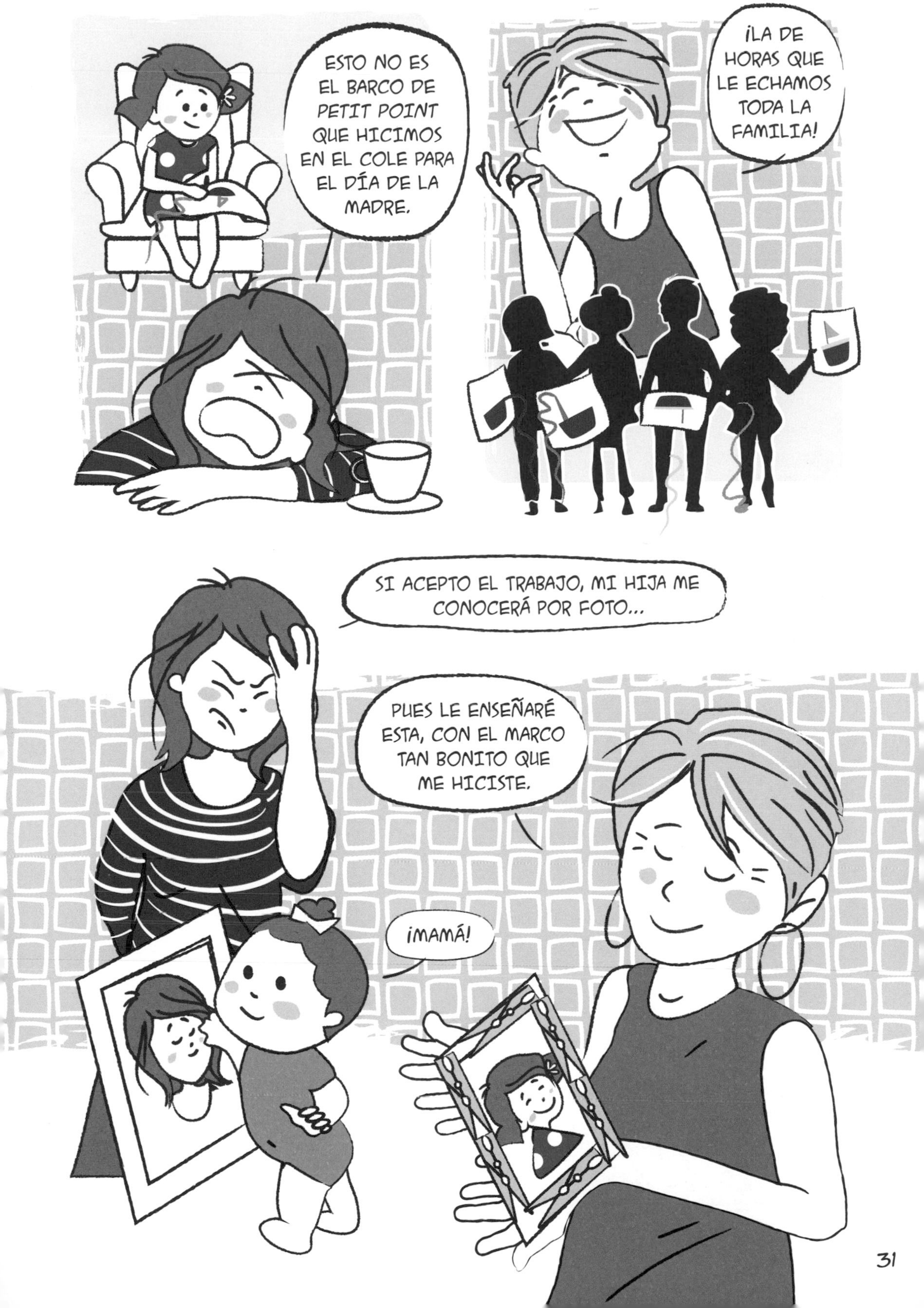
ESTO NO ES EL BARCO DE PETIT POINT QUE HICIMOS EN EL COLE PARA EL DÍA DE LA MADRE.
¡LA DE HORAS QUE LE ECHAMOS TODA LA FAMILIA!
SI ACEPTO EL TRABAJO, MI HIJA ME CONOCERÁ POR FOTO...
PUES LE ENSEÑARÉ ESTA, CON EL MARCO TAN BONITO QUE ME HICISTE.
¡MAMÁ!

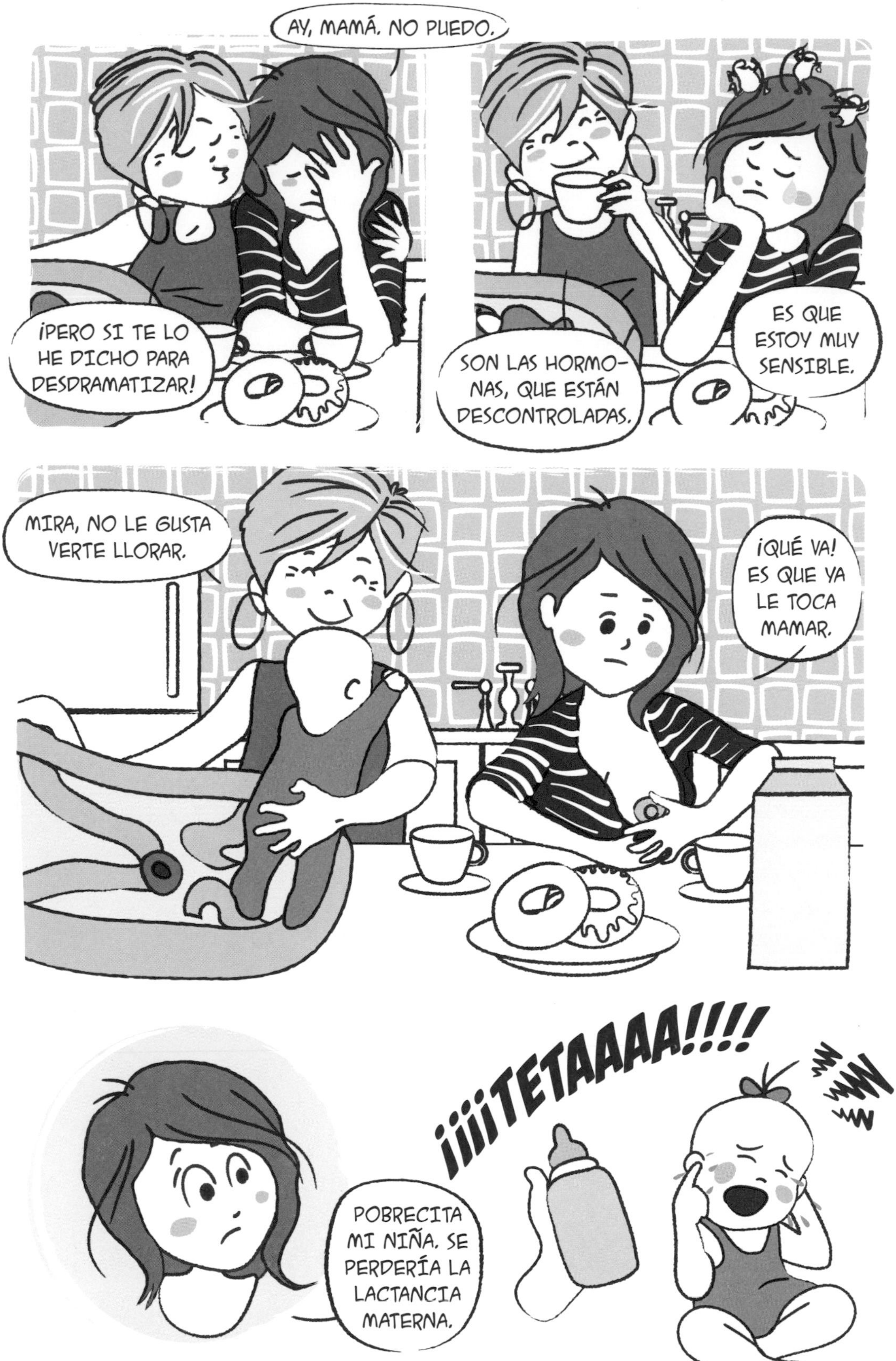
AY, MAMÁ, NO PUEDO.
¡PERO SI TE LO HE DICHO PARA DESDRAMATIZAR!
ES QUE ESTOY MUY SENSIBLE.
SON LAS HORMONAS, QUE ESTÁN DESCONTROLADAS.
MIRA, NO LE GUSTA VERTE LLORAR.
¡QUÉ VA! ES QUE YA LE TOCA MAMAR.
POBRECITA MI NIÑA, SE PERDERÍA LA LACTANCIA MATERNA.
¡¡¡¡TETAAAA!!!!

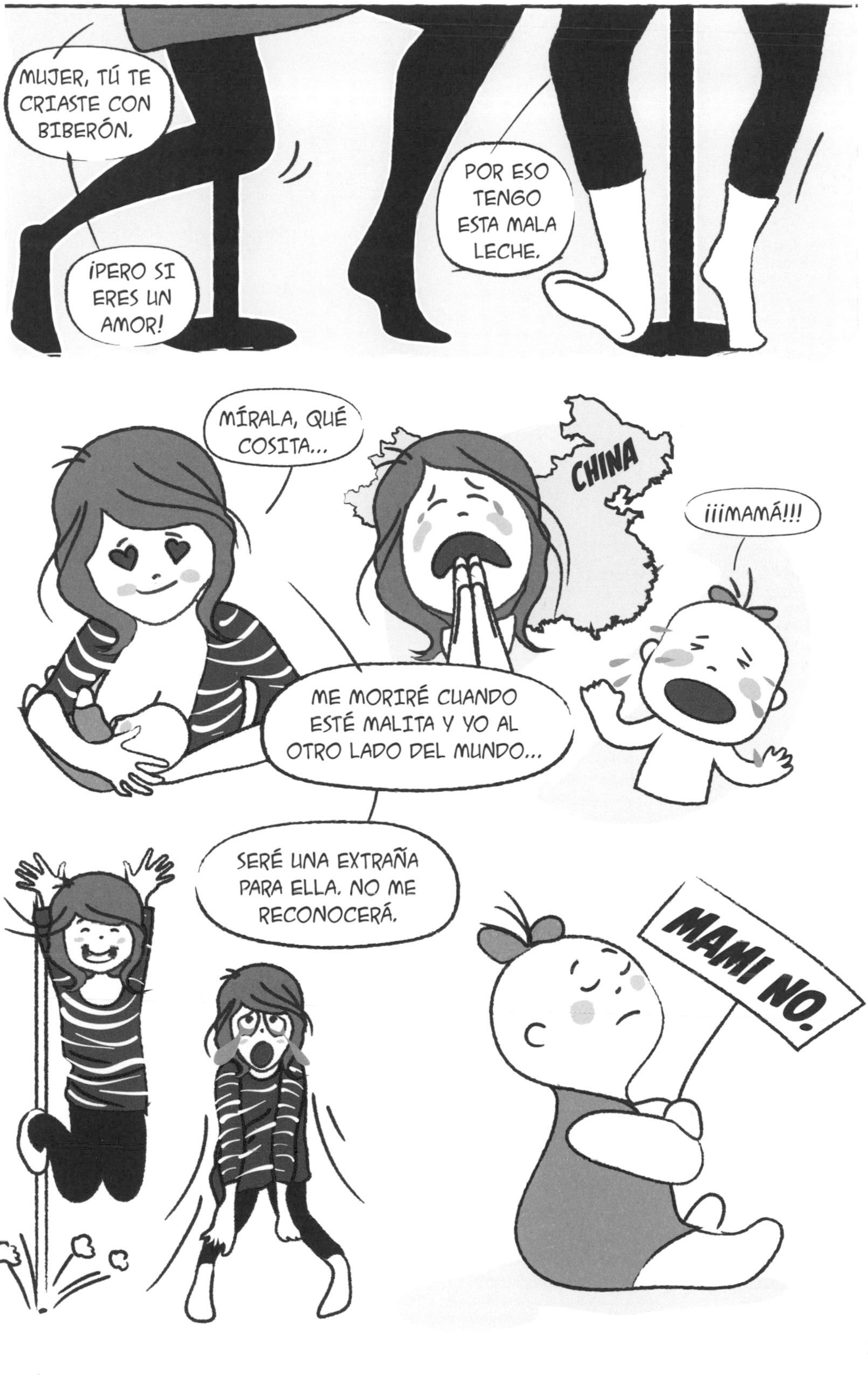
MUJER, TÚ TE CRIASTE CON BIBERÓN.
¡PERO SI ERES UN AMOR!
POR ESO TENGO ESTA MALA LECHE.
MÍRALA, QUÉ COSITA...
CHINA
¡¡¡MAMÁ!!!
ME MORIRÉ CUANDO ESTÉ MALITA Y YO AL OTRO LADO DEL MUNDO...
SERÉ UNA EXTRAÑA PARA ELLA. NO ME RECONOCERÁ.
MAMI NO.

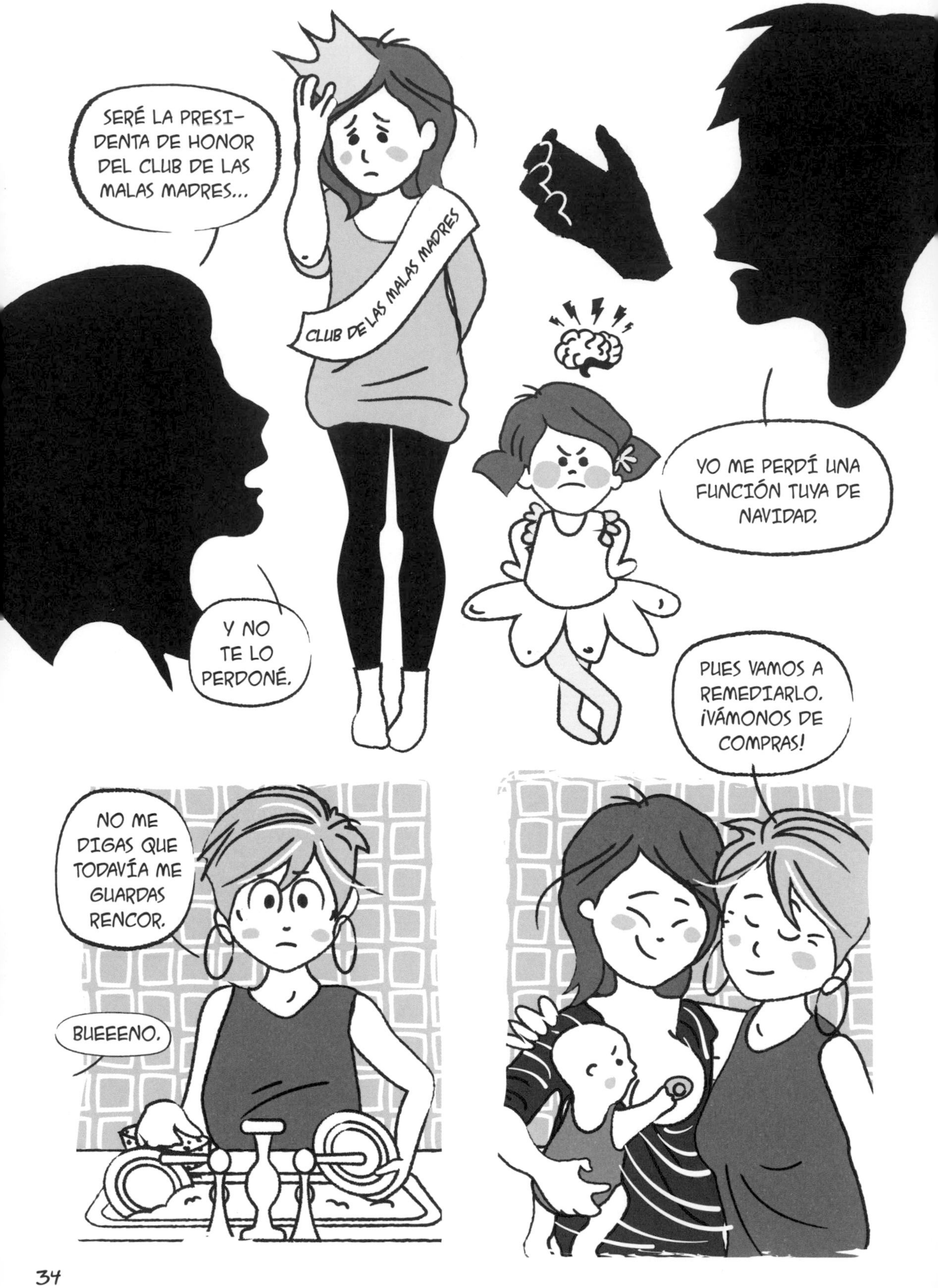

SERÉ LA PRESIDENTA DE HONOR DEL CLUB DE LAS MALAS MADRES...
CLUB DE LAS MALAS MADRES
Y NO TE LO PERDONÉ.
YO ME PERDÍ UNA FUNCIÓN TUYA DE NAVIDAD.
PUES VAMOS A REMEDIARLO. ¡VÁMONOS DE COMPRAS!
NO ME DIGAS QUE TODAVÍA ME GUARDAS RENCOR.
BUEEENO.

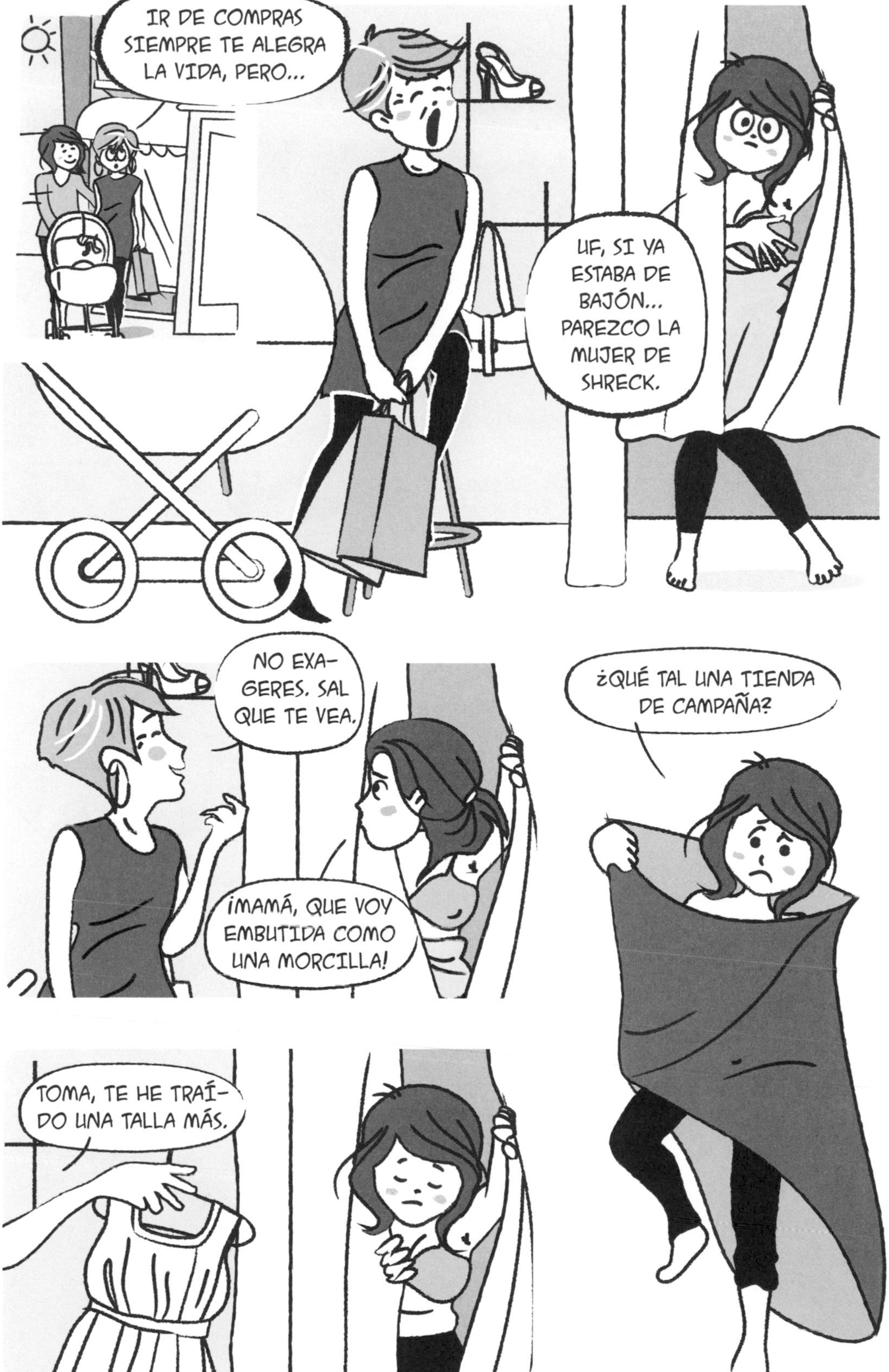
IR DE COMPRAS SIEMPRE TE ALEGRA LA VIDA, PERO...
UF, SI YA ESTABA DE BAJÓN... PAREZCO LA MUJER DE SHRECK.
NO EXAGERES. SAL QUE TE VEA.
¡MAMÁ, QUE VOY EMBUTIDA COMO UNA MORCILLA!
¿QUÉ TAL UNA TIENDA DE CAMPAÑA?
TOMA, TE HE TRAÍDO UNA TALLA MÁS.

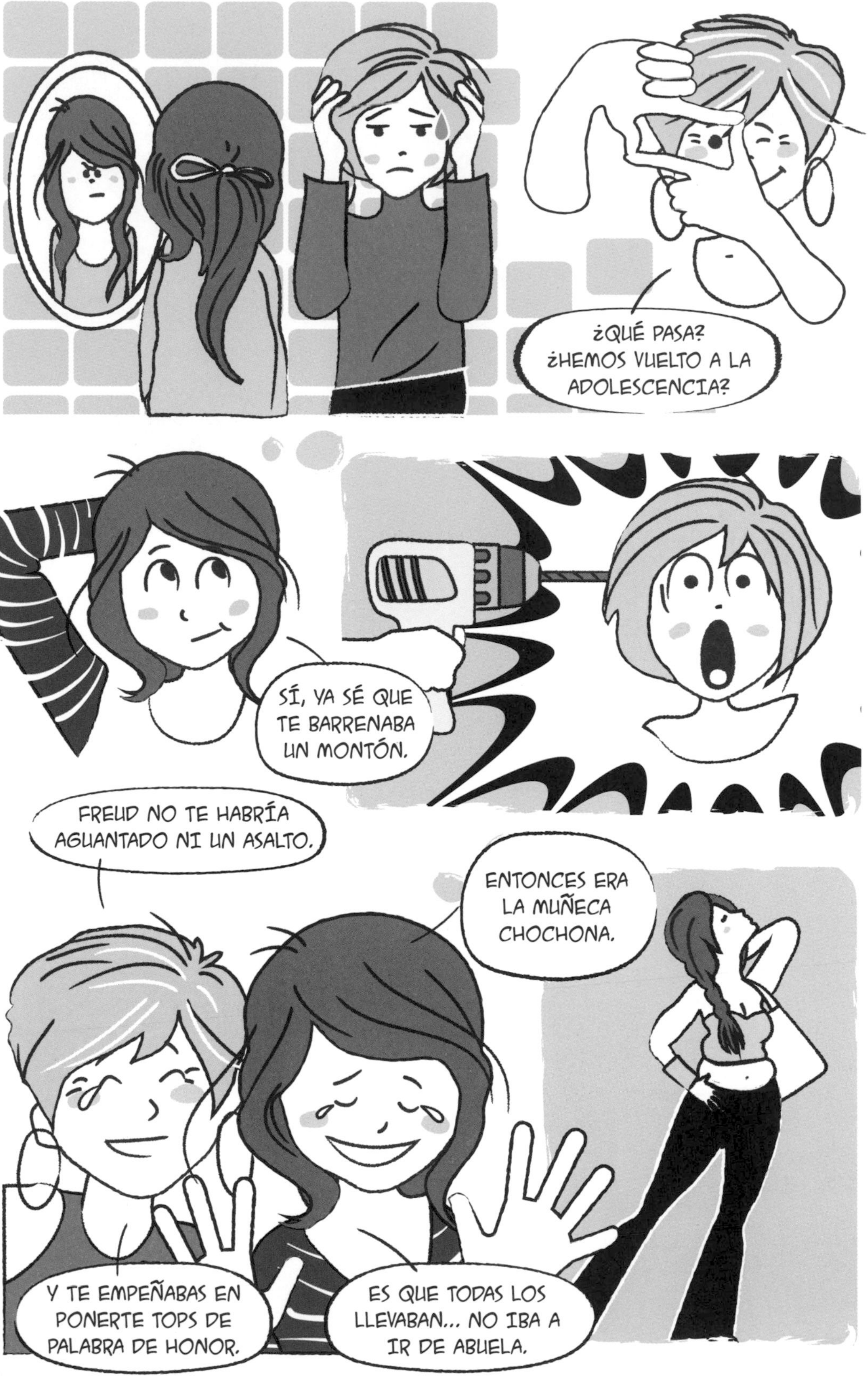
¿QUÉ PASA? ¿HEMOS VUELTO A LA ADOLESCENCIA?
SÍ, YA SÉ QUE TE BARRENABA UN MONTÓN.
FREUD NO TE HABRÍA AGUANTADO NI UN ASALTO.
ENTONCES ERA LA MUÑECA CHOCHONA.
Y TE EMPEÑABAS EN PONERTE TOPS DE PALABRA DE HONOR.
ES QUE TODAS LOS LLEVABAN... NO IBA A IR DE ABUELA.

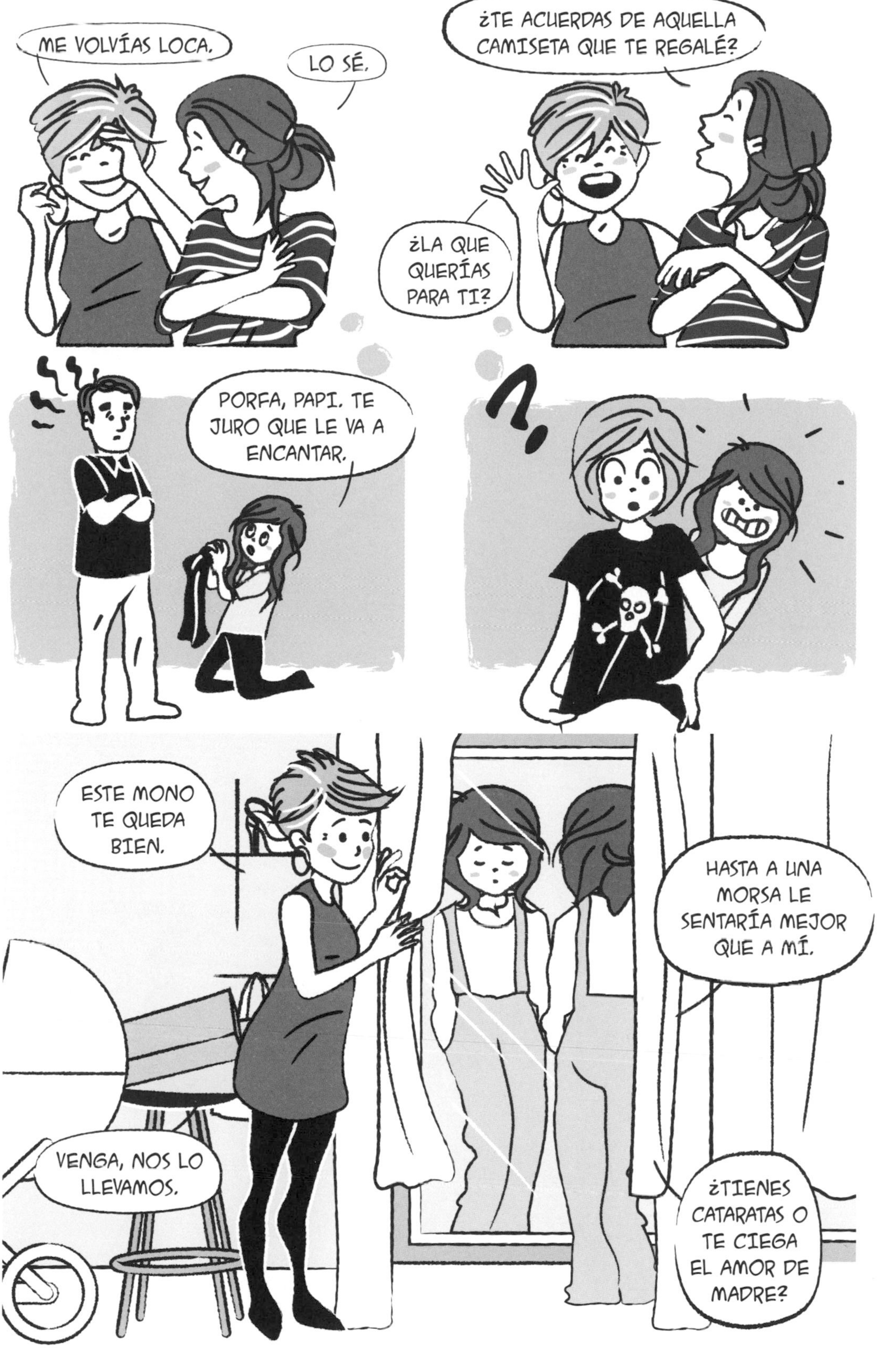

ME VOLVÍAS LOCA.
LO SÉ.
¿TE ACUERDAS DE AQUELLA CAMISETA QUE TE REGALÉ?
¿LA QUE QUERÍAS PARA TI?
PORFA, PAPI. TE JURO QUE LE VA A ENCANTAR.
ESTE MONO TE QUEDA BIEN.
HASTA A UNA MORSA LE SENTARÍA MEJOR QUE A MÍ.
VENGA, NOS LO LLEVAMOS.
¿TIENES CATARATAS O TE CIEGA EL AMOR DE MADRE?

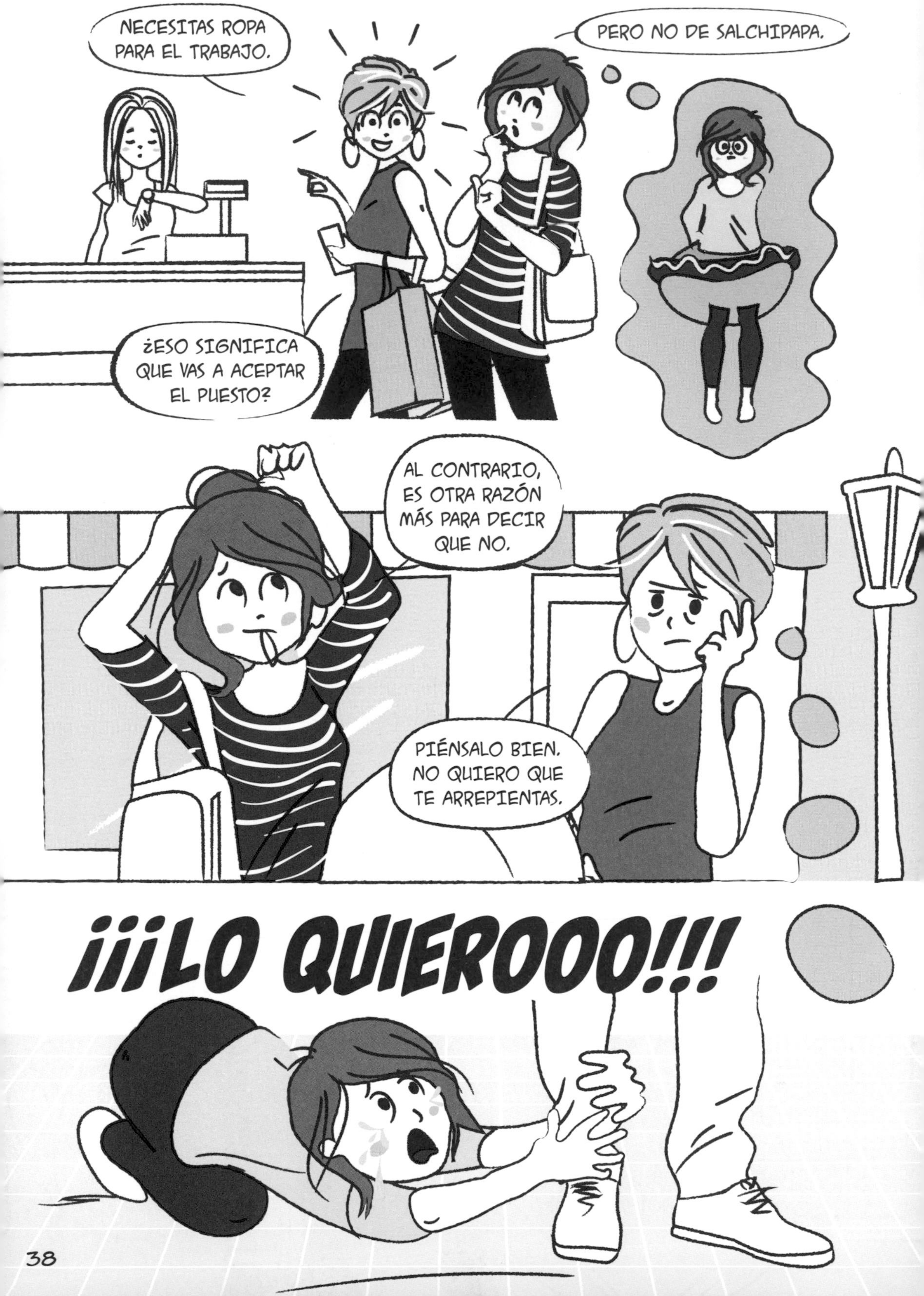

NECESITAS ROPA PARA EL TRABAJO.
PERO NO DE SALCHIPAPA.
¿ESO SIGNIFICA QUE VAS A ACEPTAR EL PUESTO?
AL CONTRARIO, ES OTRA RAZÓN MÁS PARA DECIR QUE NO.
PIÉNSALO BIEN. NO QUIERO QUE TE ARREPIENTAS.
¡¡¡LO QUIEROOO!!!

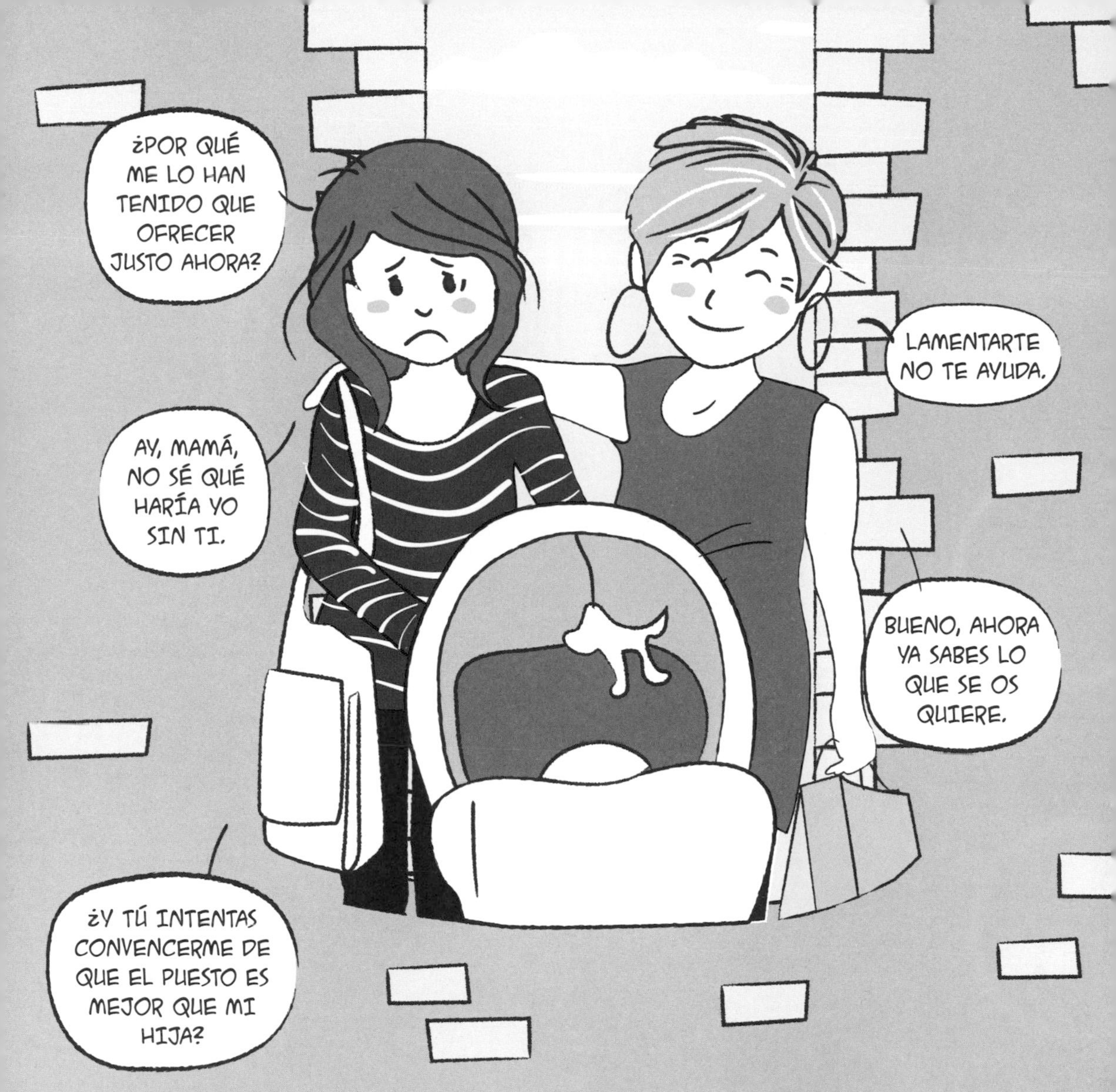
¿POR QUÉ ME LO HAN TENIDO QUE OFRECER JUSTO AHORA?
LAMENTARTE NO TE AYUDA.
AY, MAMÁ, NO SÉ QUÉ HARÍA YO SIN TI.
BUENO, AHORA YA SABES LO QUE SE OS QUIERE.
¿Y TÚ INTENTAS CONVENCERME DE QUE EL PUESTO ES MEJOR QUE MI HIJA?
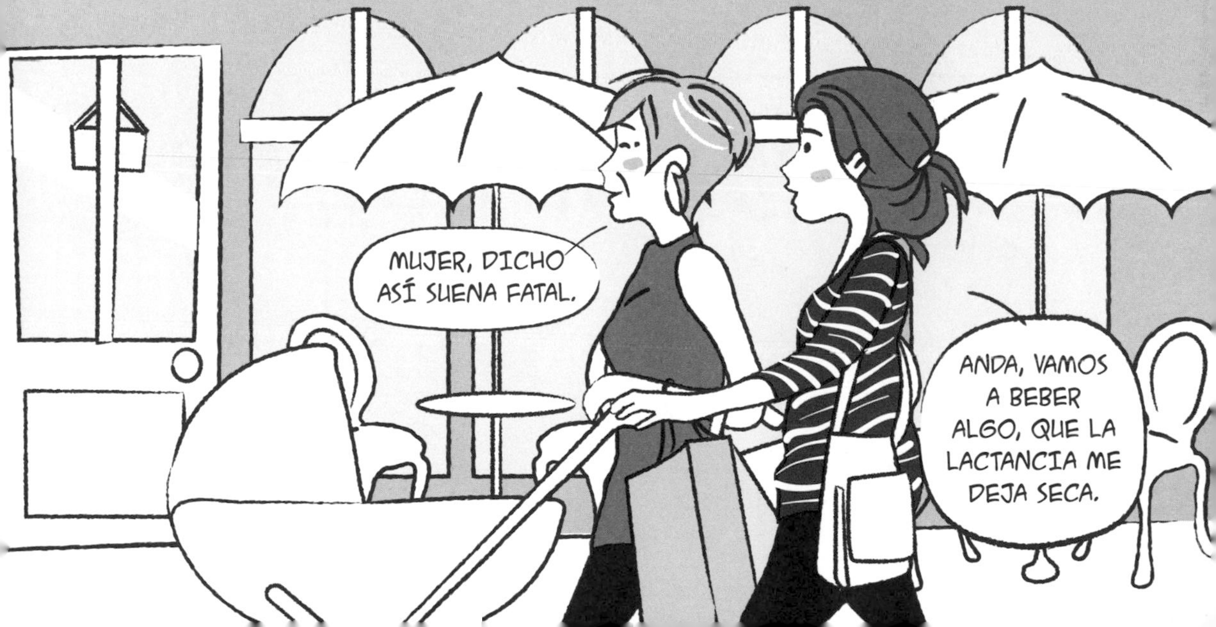
MUJER, DICHO ASÍ SUENA FATAL.
ANDA, VAMOS A BEBER ALGO, QUE LA LACTANCIA ME DEJA SECA.

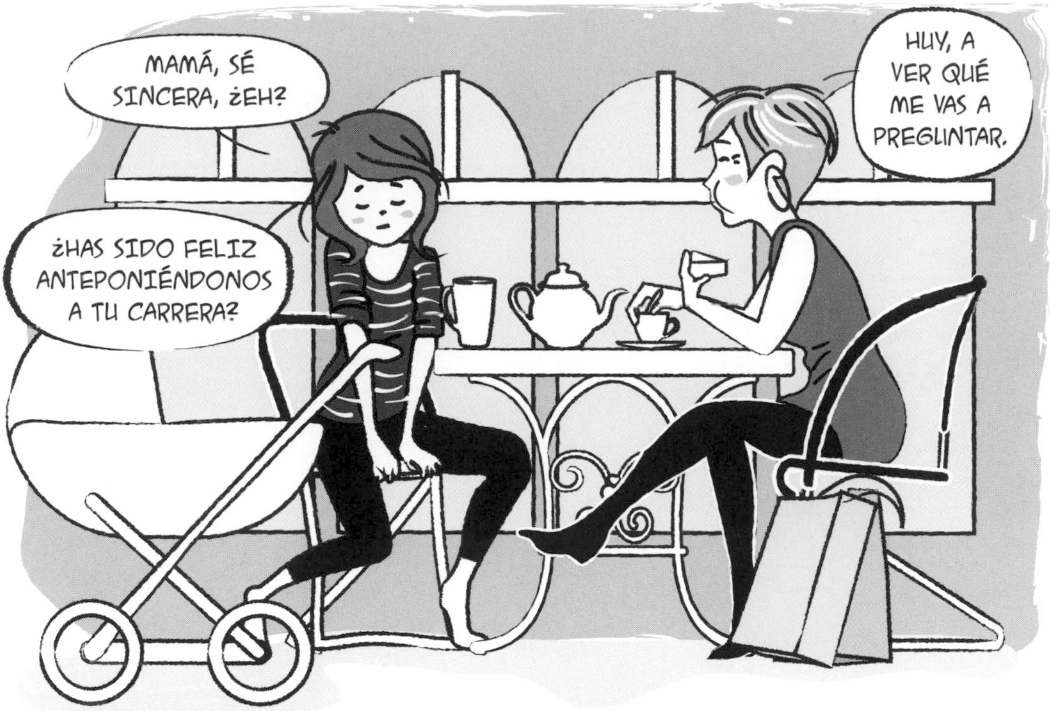
MAMÁ, SÉ SINCERA, ¿EH?
HUY, A VER QUÉ ME VAS A PREGUNTAR.
¿HAS SIDO FELIZ ANTEPONIÉNDONOS A TU CARRERA?

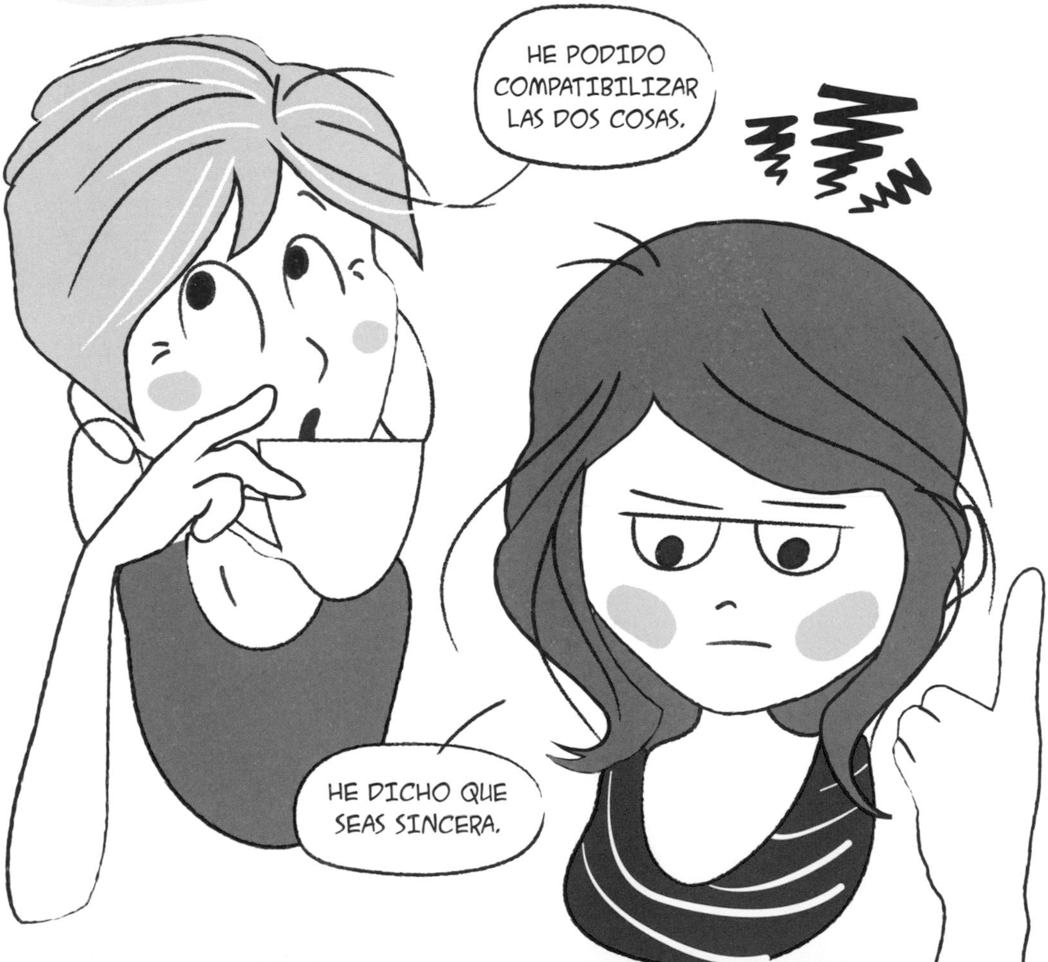
HE PODIDO COMPATIBILIZAR LAS DOS COSAS.
HE DICHO QUE SEAS SINCERA.

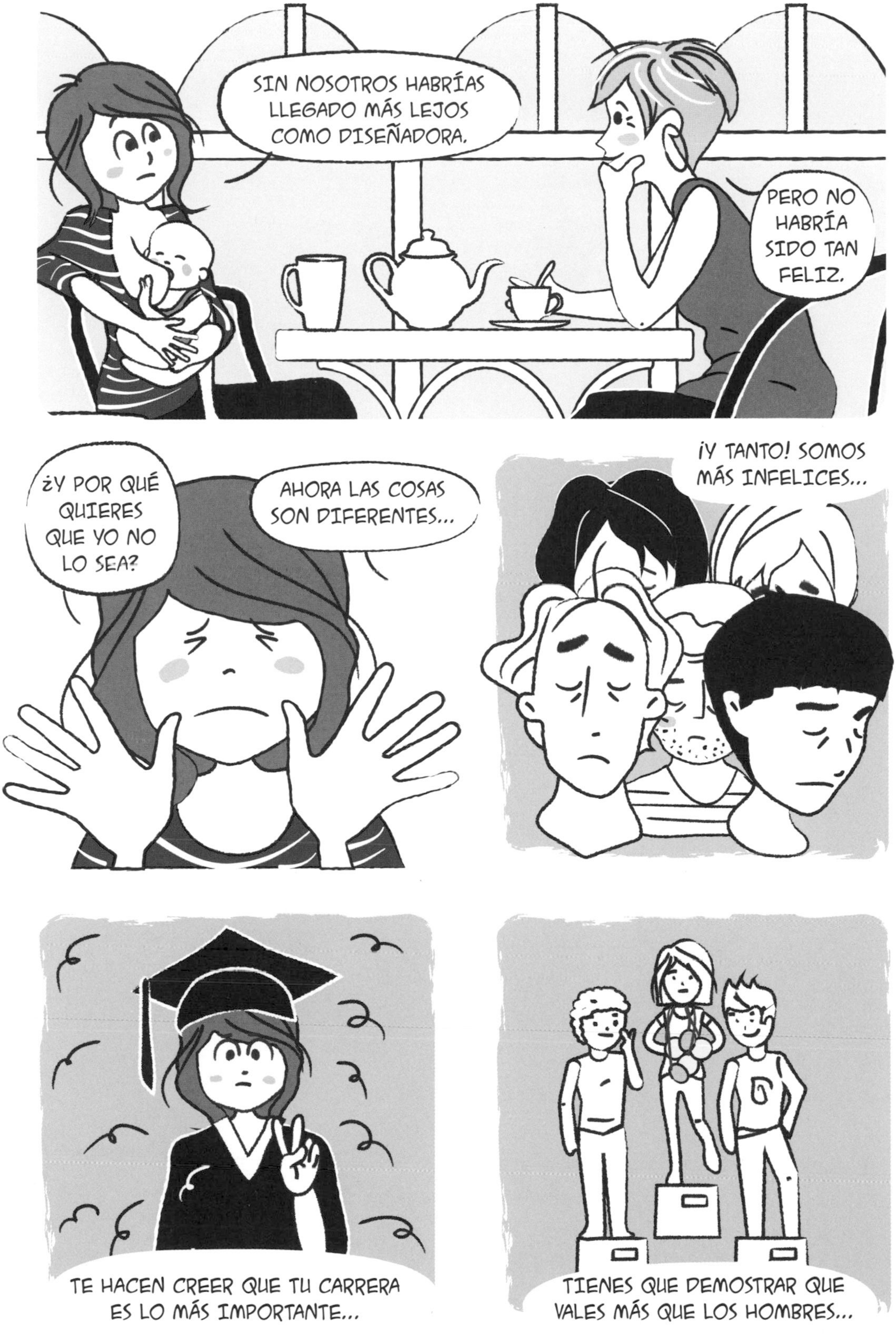
SIN NOSOTROS HABRÍAS LLEGADO MÁS LEJOS COMO DISEÑADORA.
PERO NO HABRÍA SIDO TAN FELIZ.
¿Y POR QUÉ QUIERES QUE YO NO LO SEA?
AHORA LAS COSAS SON DIFERENTES...
¡Y TANTO! SOMOS MÁS INFELICES...
TE HACEN CREER QUE TU CARRERA ES LO MÁS IMPORTANTE...
TIENES QUE DEMOSTRAR QUE VALES MÁS QUE LOS HOMBRES...

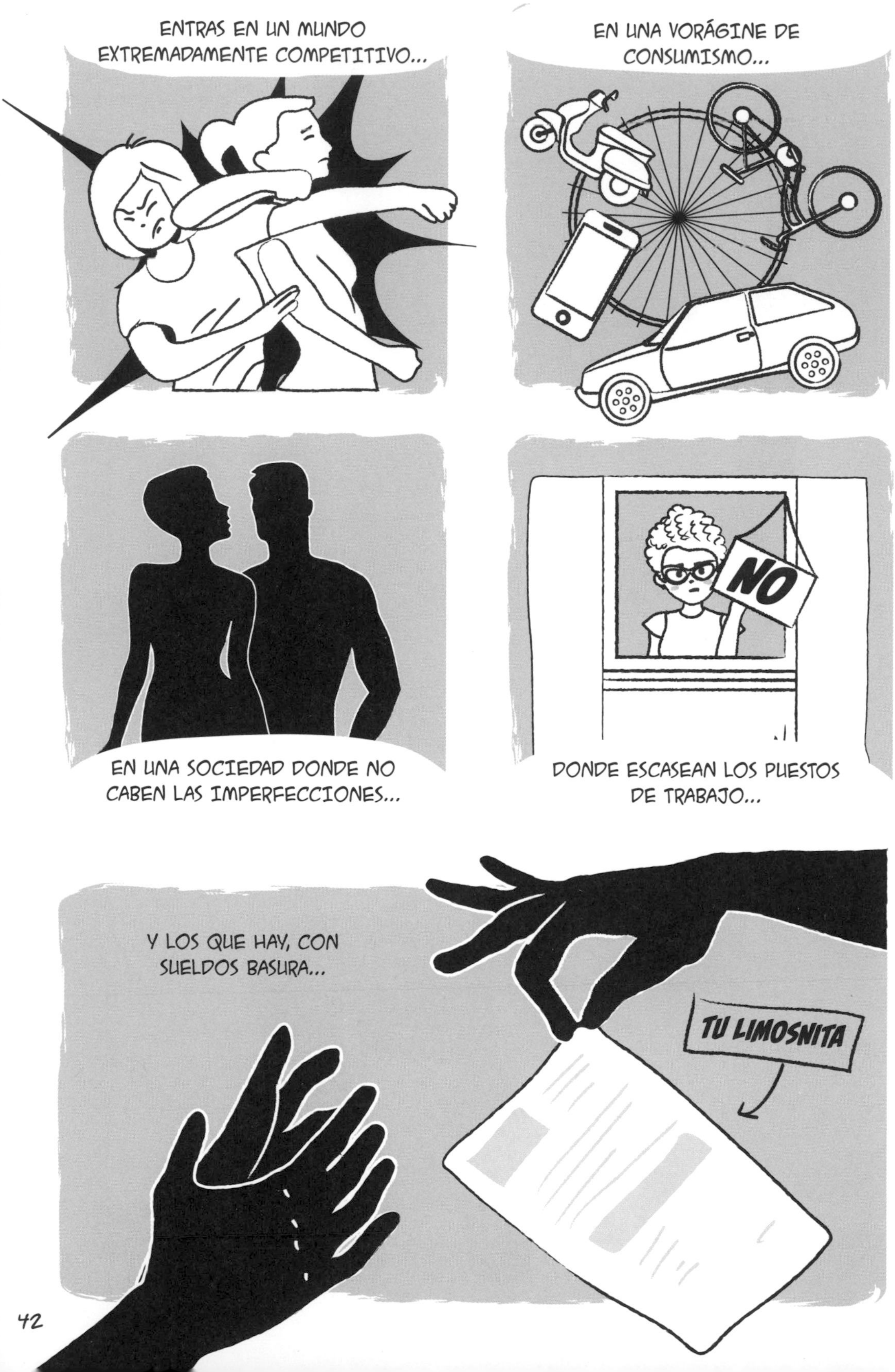
ENTRAS EN UN MUNDO EXTREMADAMENTE COMPETITIVO...
EN UNA VORÁGINE DE CONSUMISMO...
EN UNA SOCIEDAD DONDE NO CABEN LAS IMPERFECCIONES...
NO
DONDE ESCASEAN LOS PUESTOS DE TRABAJO...
Y LOS QUE HAY, CON SUELDOS BASURA...
TU LIMOSNITA

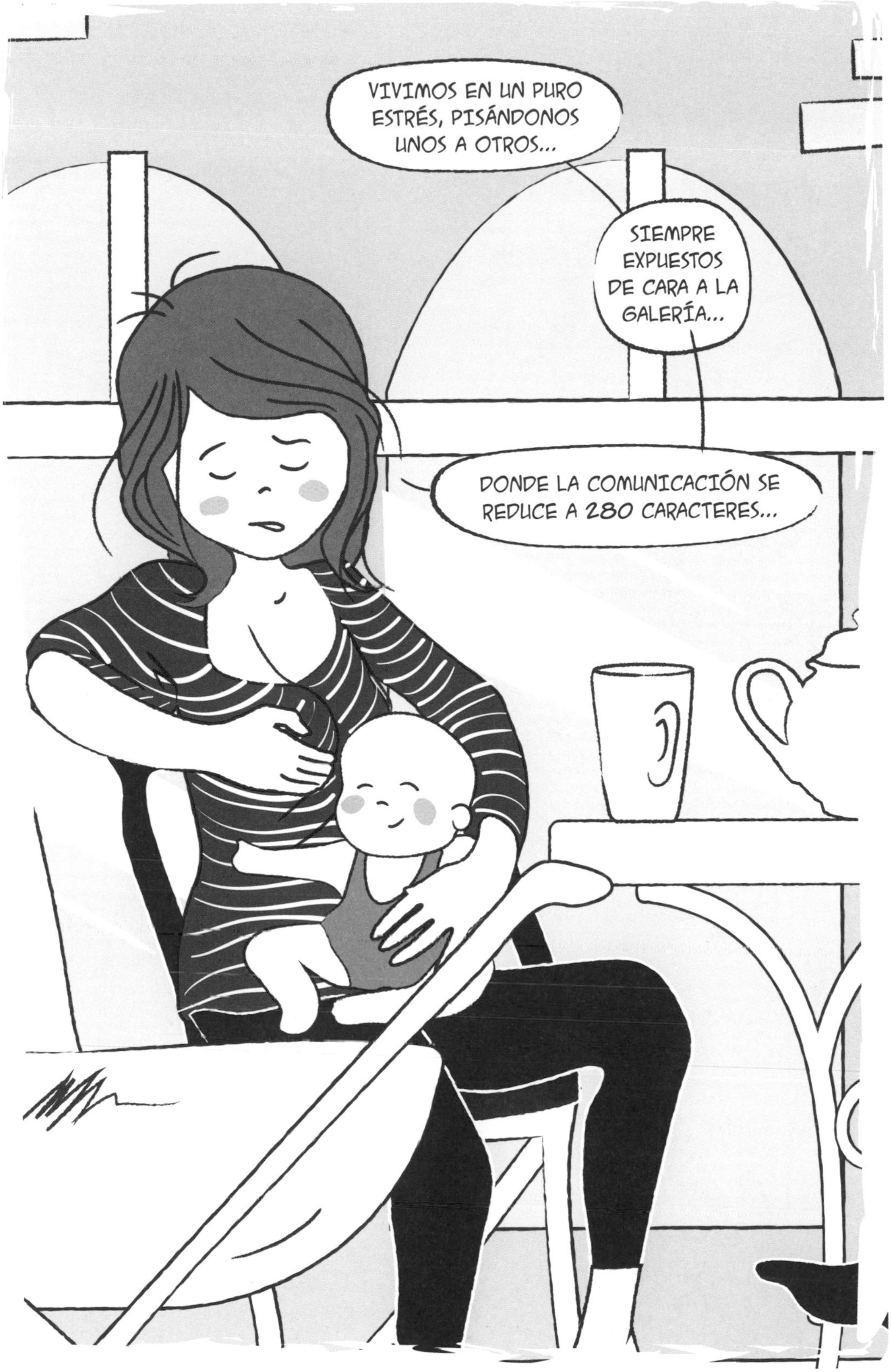
VIVIMOS EN UN PURO ESTRÉS, PISÁNDONOS UNOS A OTROS...
SIEMPRE EXPUESTOS DE CARA A LA GALERÍA...
DONDE LA COMUNICACIÓN SE REDUCE A 280 CARACTERES...

Y DE PRONTO, TIENES UNA HIJA QUE TE LLENA LA VIDA...

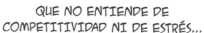

QUE NO ENTIENDE DE COMPETITIVIDAD NI DE ESTRÉS...

QUE TE SONRÍE Y TE DERRITES...

¡BUAAAA!

PERO TIENES QUE DEJARLA PORQUE TU CARRERA ES LO PRIMERO...

TE TIENES QUE REALIZAR...

DIRECTORA

SUBDIRECTORA

TÉCNICA

BECARIA

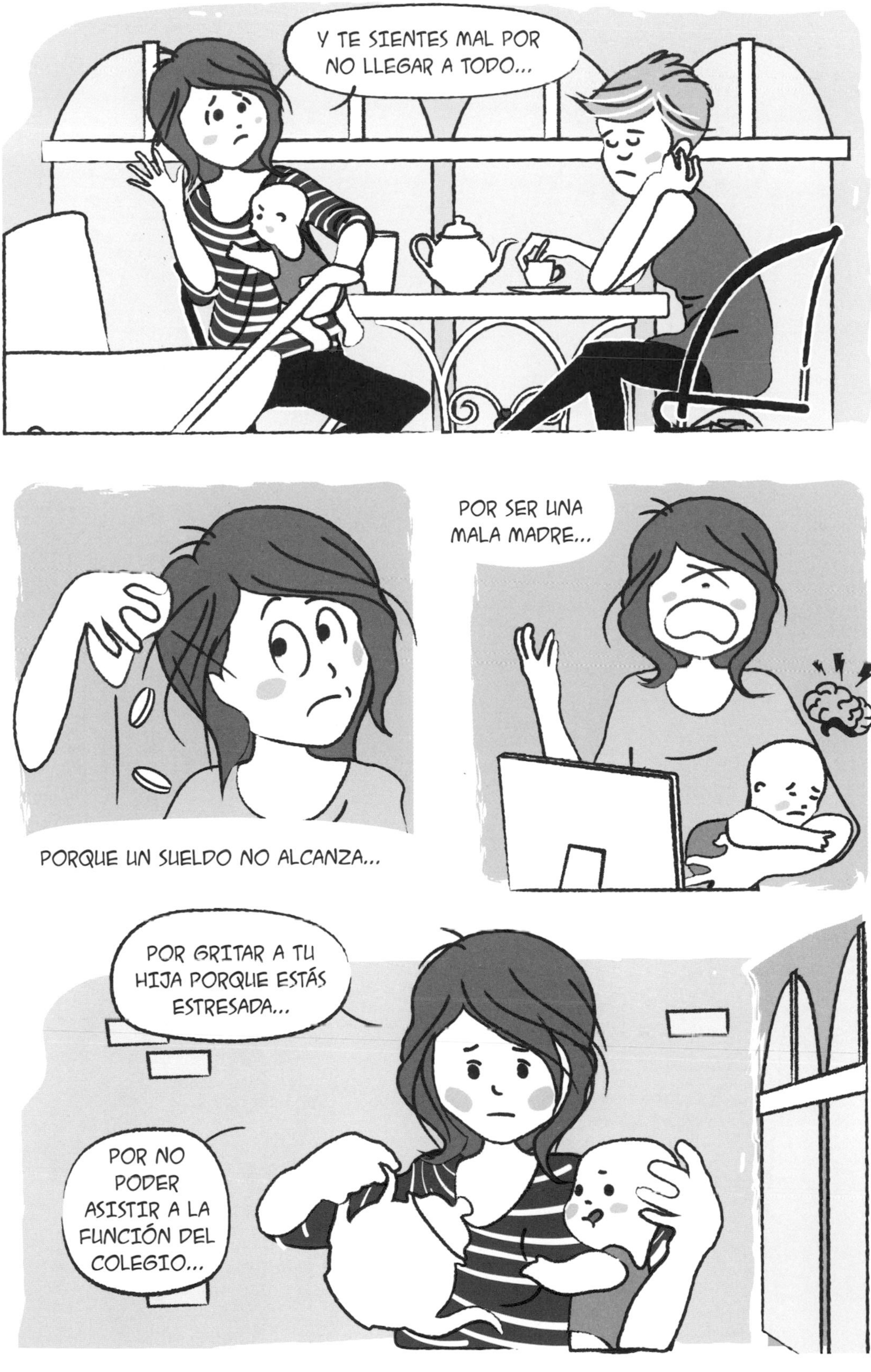
Y TE SIENTES MAL POR NO LLEGAR A TODO...
PORQUE UN SUELDO NO ALCANZA...
POR SER UNA MALA MADRE...
POR GRITAR A TU HIJA PORQUE ESTÁS ESTRESADA...
POR NO PODER ASISTIR A LA FUNCIÓN DEL COLEGIO...

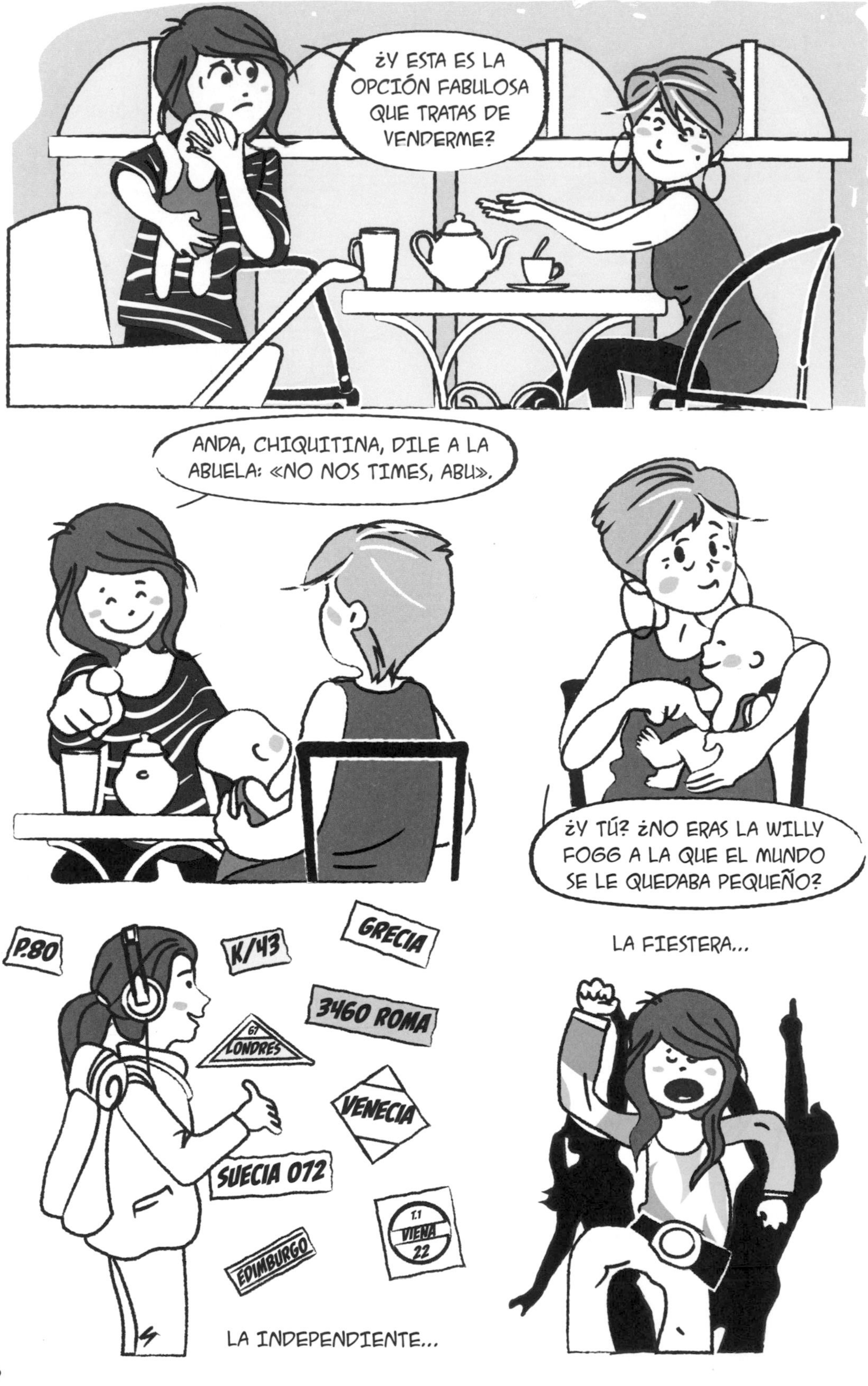
¿Y ESTA ES LA OPCIÓN FABULOSA QUE TRATAS DE VENDERME?
ANDA, CHIQUITINA, DILE A LA ABUELA: «NO NOS TIMES, ABU».
¿Y TÚ? ¿NO ERAS LA WILLY FOGG A LA QUE EL MUNDO SE LE QUEDABA PEQUEÑO?
P.80
K/43
GRECIA
3460 ROMA
67 LONDRES
VENECIA
SUECIA 072
EDIMBURGO
T.1 VIENA 22
LA INDEPENDIENTE...
LA FIESTERA...

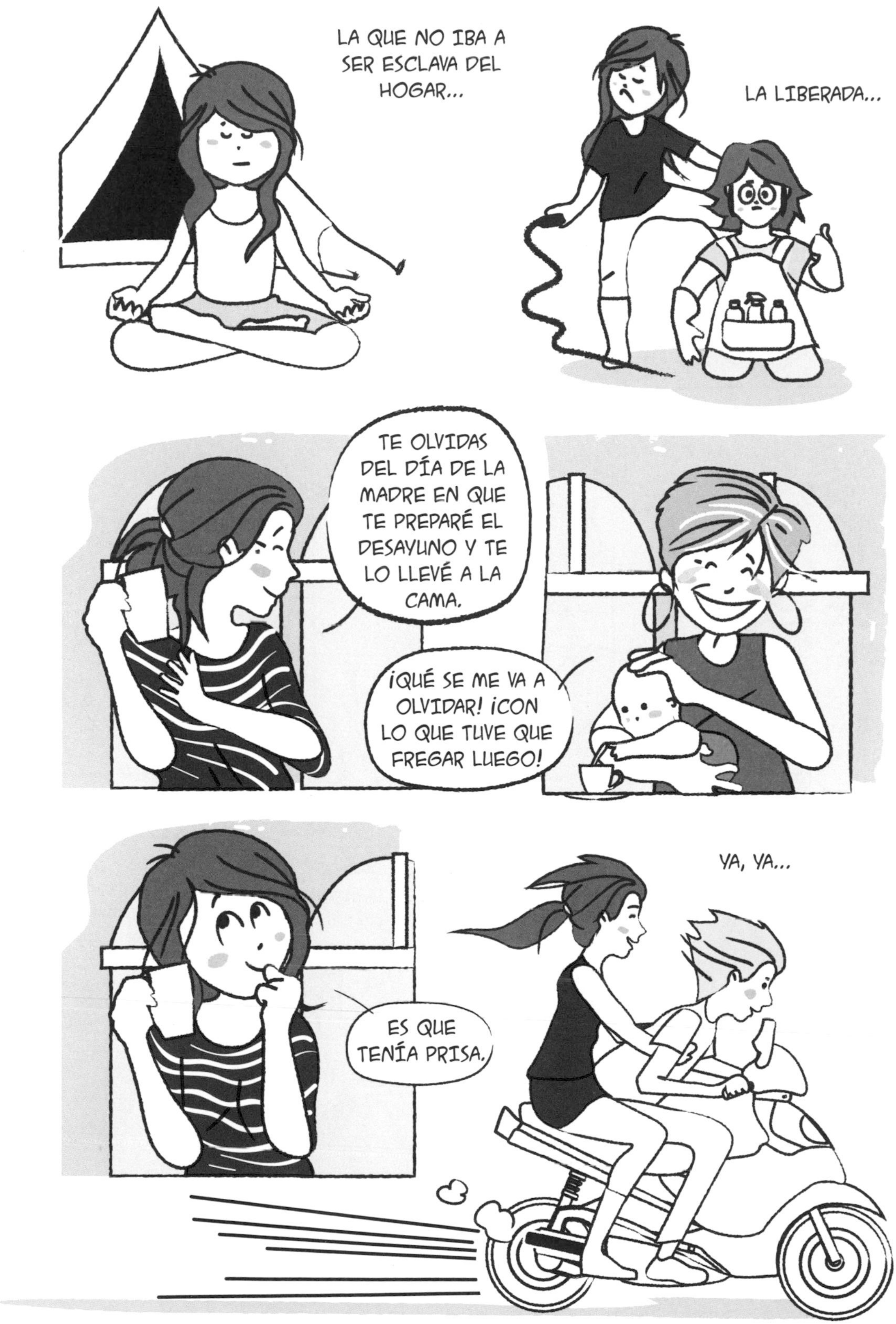
LA QUE NO IBA A SER ESCLAVA DEL HOGAR...
LA LIBERADA...
TE OLVIDAS DEL DÍA DE LA MADRE EN QUE TE PREPARÉ EL DESAYUNO Y TE LO LLEVÉ A LA CAMA.
¡QUÉ SE ME VA A OLVIDAR! ¡CON LO QUE TUVE QUE FREGAR LUEGO!
ES QUE TENÍA PRISA.
YA, YA...

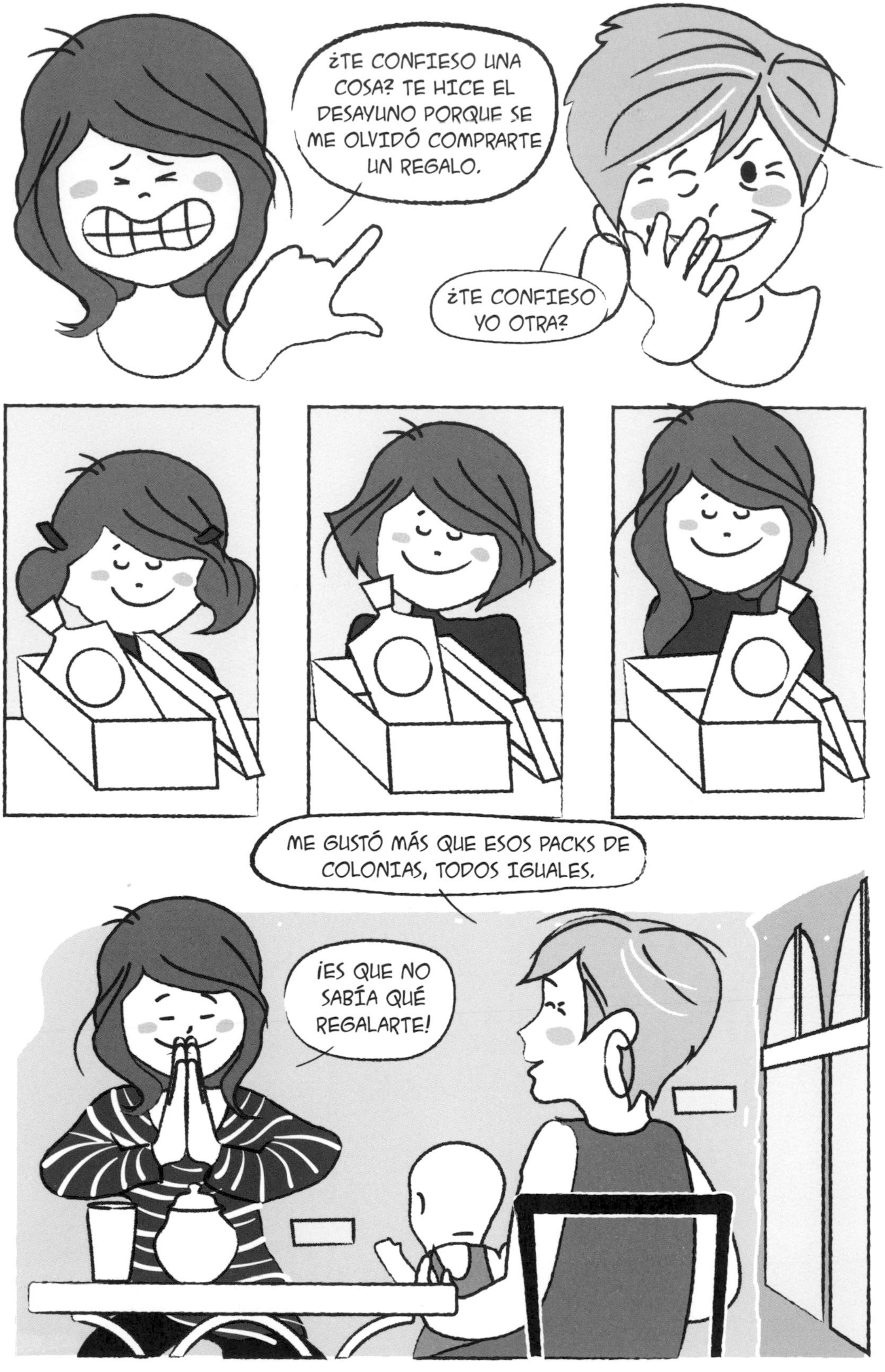
¿TE CONFIESO UNA COSA? TE HICE EL DESAYUNO PORQUE SE ME OLVIDÓ COMPRARTE UN REGALO.
¿TE CONFIESO YO OTRA?
ME GUSTÓ MÁS QUE ESOS PACKS DE COLONIAS, TODOS IGUALES.
¡ES QUE NO SABÍA QUÉ REGALARTE!

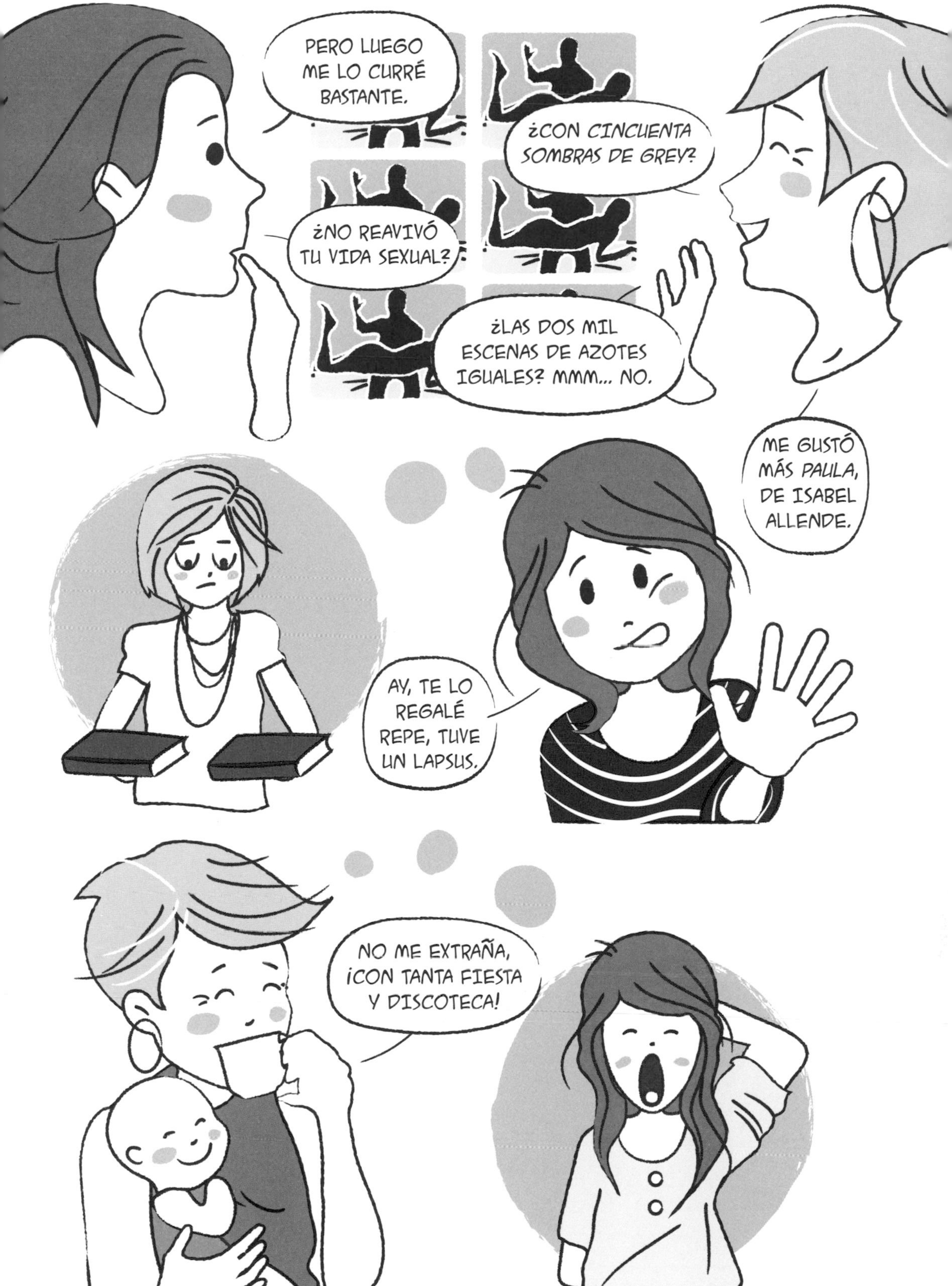
PERO LUEGO ME LO CURRÉ BASTANTE.
¿CON CINCUENTA SOMBRAS DE GREY?
¿NO REAVIVÓ TU VIDA SEXUAL?
¿LAS DOS MIL ESCENAS DE AZOTES IGUALES? MMM... NO.
ME GUSTÓ MÁS PAULA, DE ISABEL ALLENDE.
AY, TE LO REGALÉ REPE, TUVE UN LAPSUS.
NO ME EXTRAÑA, ¡CON TANTA FIESTA Y DISCOTECA!

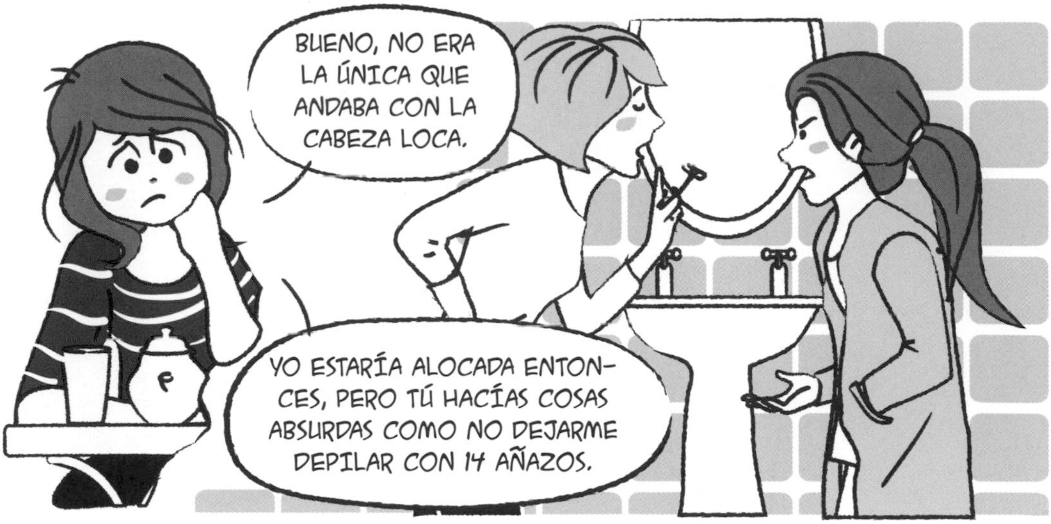
BUENO, NO ERA LA ÚNICA QUE ANDABA CON LA CABEZA LOCA.
YO ESTARÍA ALOCADA ENTONCES, PERO TÚ HACÍAS COSAS ABSURDAS COMO NO DEJARME DEPILAR CON 14 AÑAZOS.

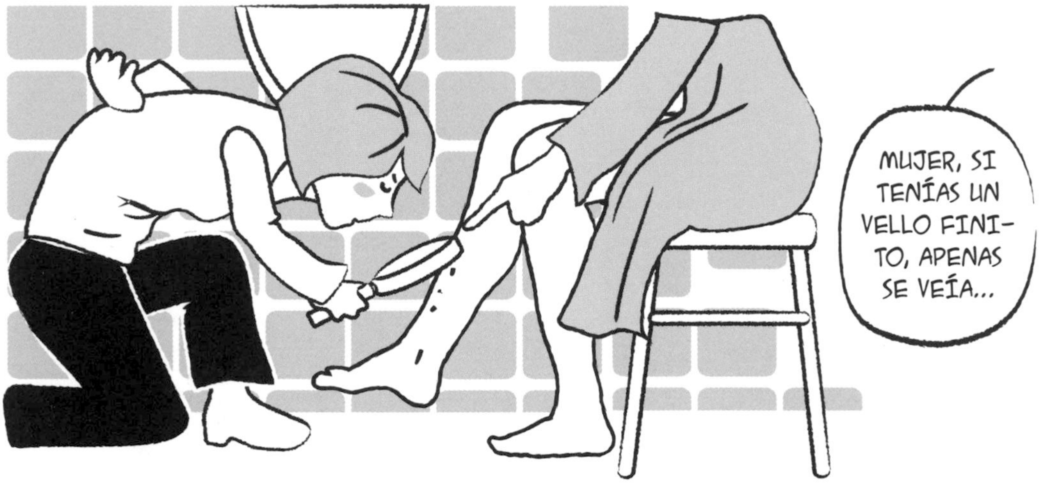
MUJER, SI TENÍAS UN VELLO FINITO, APENAS SE VEÍA...

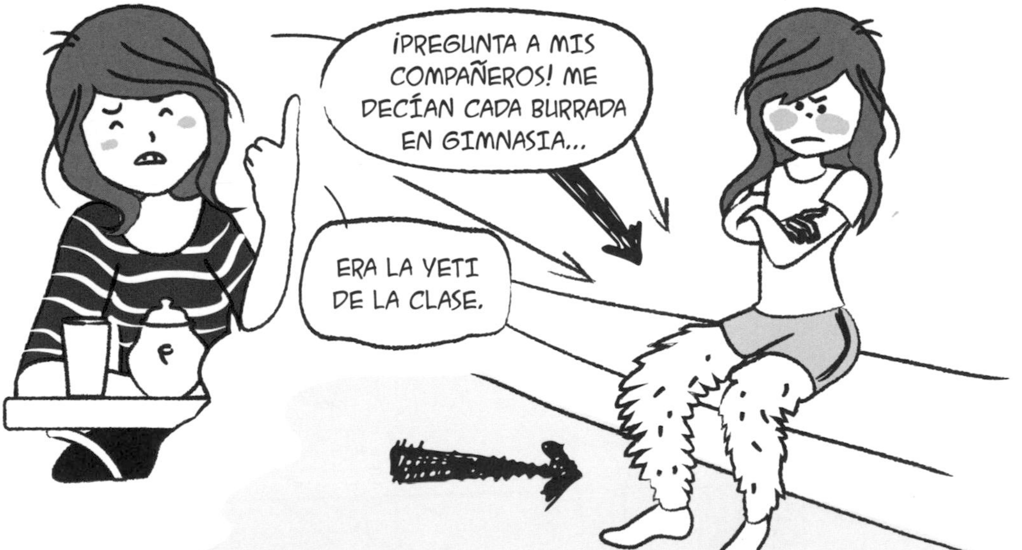
¡PREGUNTA A MIS COMPAÑEROS! ME DECÍAN CADA BURRADA EN GIMNASIA...
ERA LA YETI DE LA CLASE.

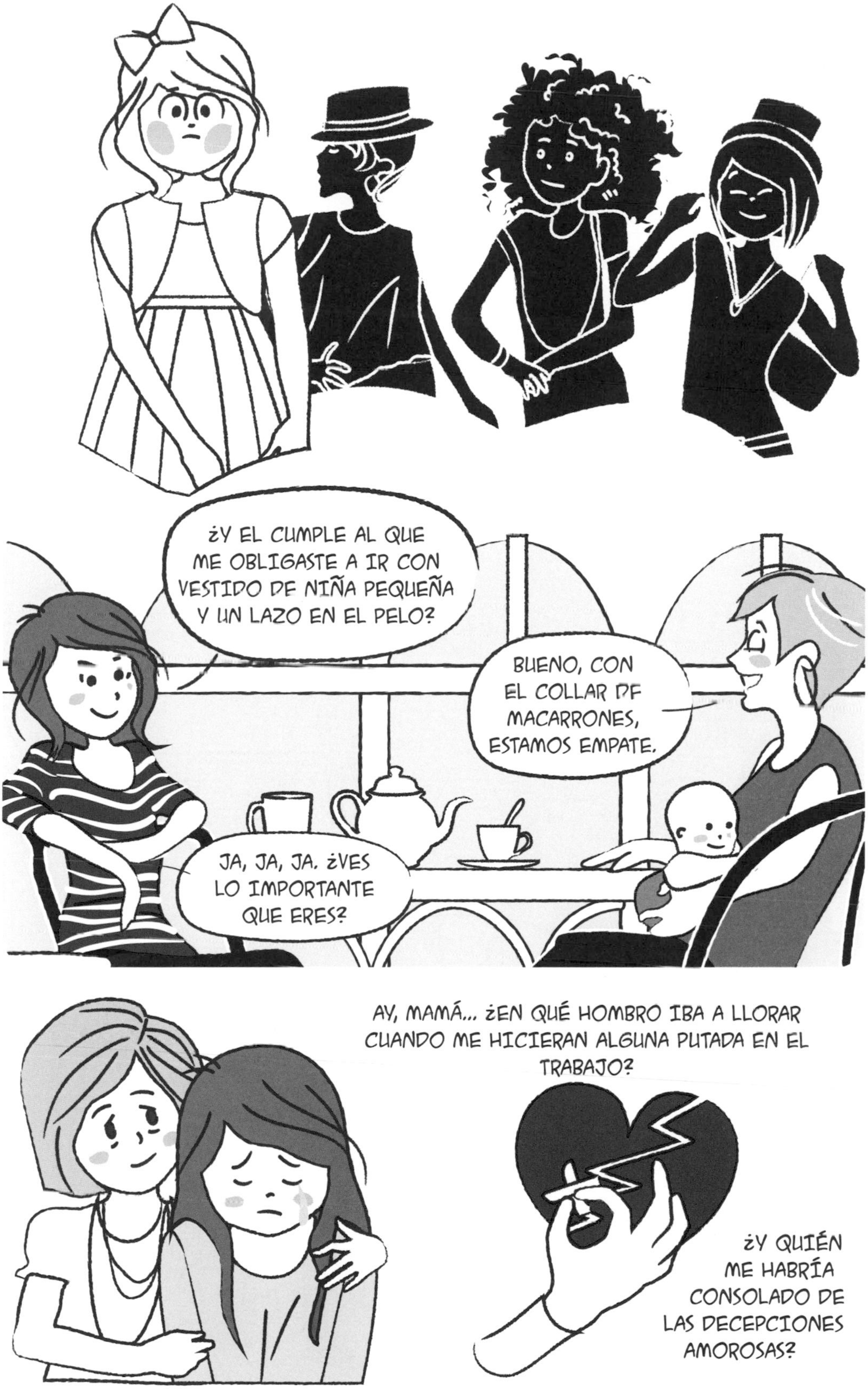
¿Y EL CUMPLE AL QUE ME OBLIGASTE A IR CON VESTIDO DE NIÑA PEQUEÑA Y UN LAZO EN EL PELO?
BUENO, CON EL COLLAR DE MACARRONES, ESTAMOS EMPATE.
JA, JA, JA. ¿VES LO IMPORTANTE QUE ERES?
AY, MAMÁ... ¿EN QUÉ HOMBRO IBA A LLORAR CUANDO ME HICIERAN ALGUNA PUTADA EN EL TRABAJO?
¿Y QUIÉN ME HABRÍA CONSOLADO DE LAS DECEPCIONES AMOROSAS?

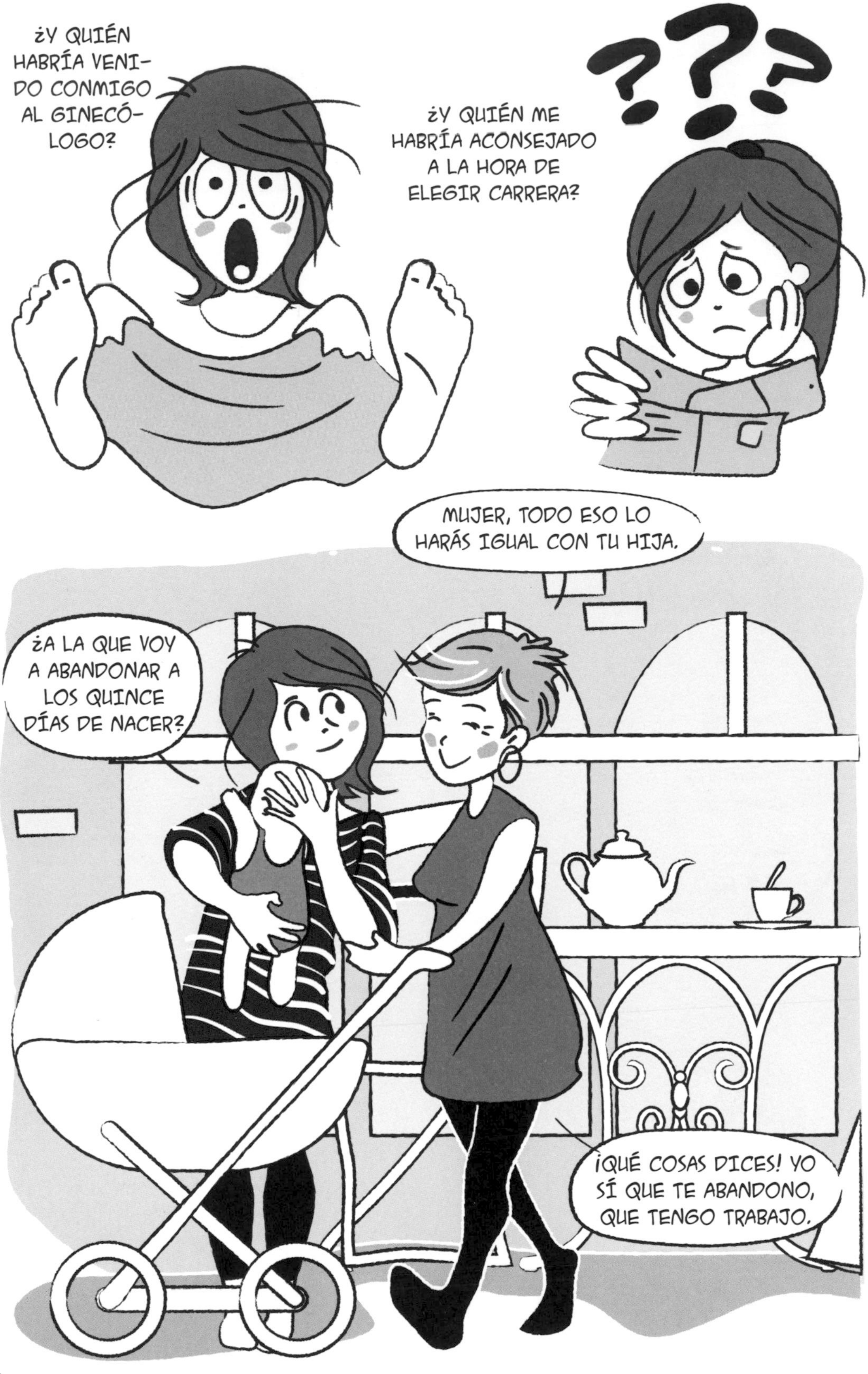
¿Y QUIÉN HABRÍA VENIDO CONMIGO AL GINECÓLOGO?
¿Y QUIÉN ME HABRÍA ACONSEJADO A LA HORA DE ELEGIR CARRERA?
???
MUJER, TODO ESO LO HARÁS IGUAL CON TU HIJA.
¿A LA QUE VOY A ABANDONAR A LOS QUINCE DÍAS DE NACER?
¡QUÉ COSAS DICES! YO SÍ QUE TE ABANDONO, QUE TENGO TRABAJO.

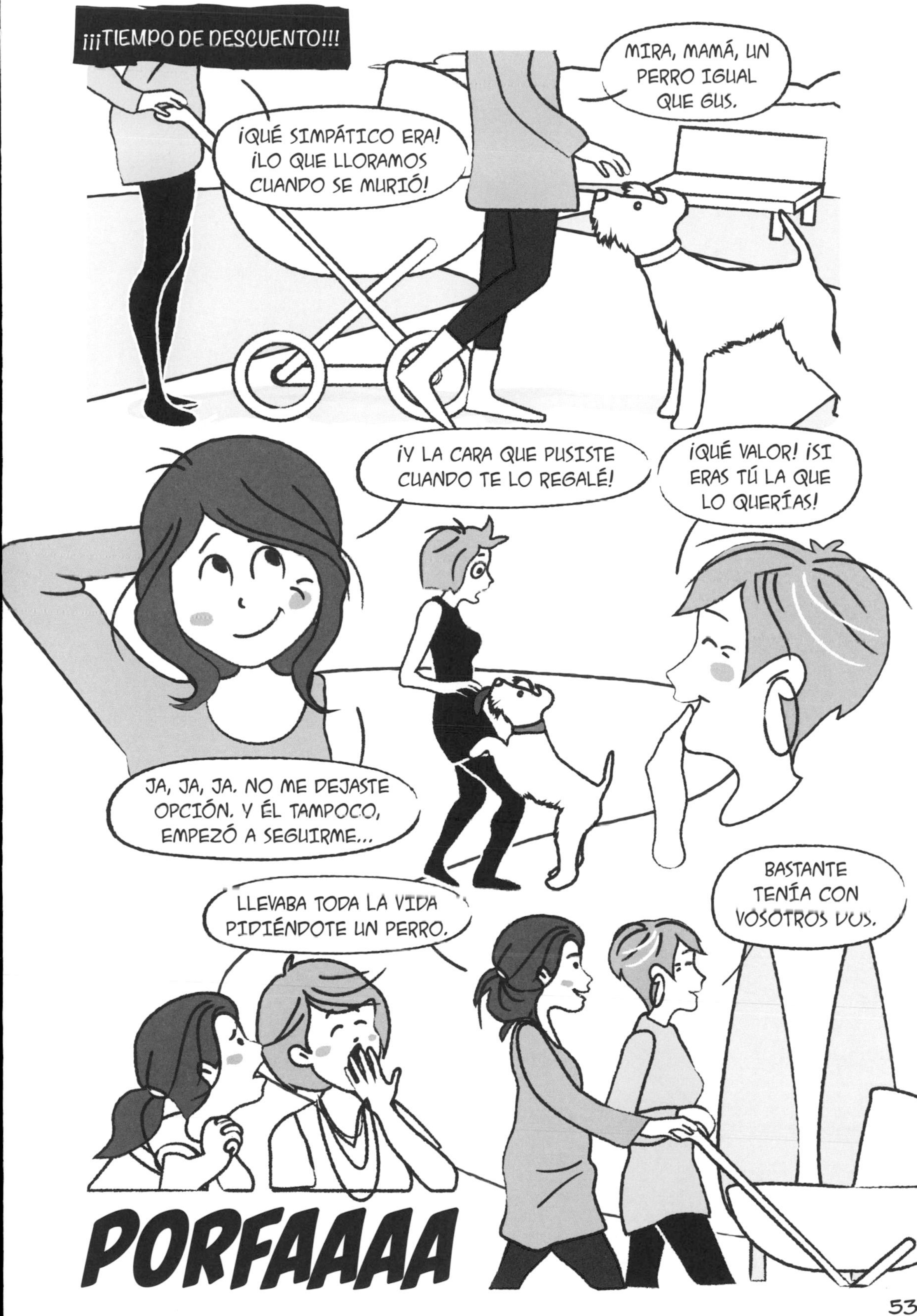

¡¡¡TIEMPO DE DESCUENTO!!!
MIRA, MAMÁ, UN PERRO IGUAL QUE GUS.
¡QUÉ SIMPÁTICO ERA! ¡LO QUE LLORAMOS CUANDO SE MURIÓ!
¡Y LA CARA QUE PUSISTE CUANDO TE LO REGALÉ!
¡QUÉ VALOR! ¡SI ERAS TÚ LA QUE LO QUERÍAS!
JA, JA, JA. NO ME DEJASTE OPCIÓN. Y ÉL TAMPOCO, EMPEZÓ A SEGUIRME...
LLEVABA TODA LA VIDA PIDIÉNDOTE UN PERRO.
PORFAAAA
BASTANTE TENÍA CON VOSOTROS DOS.

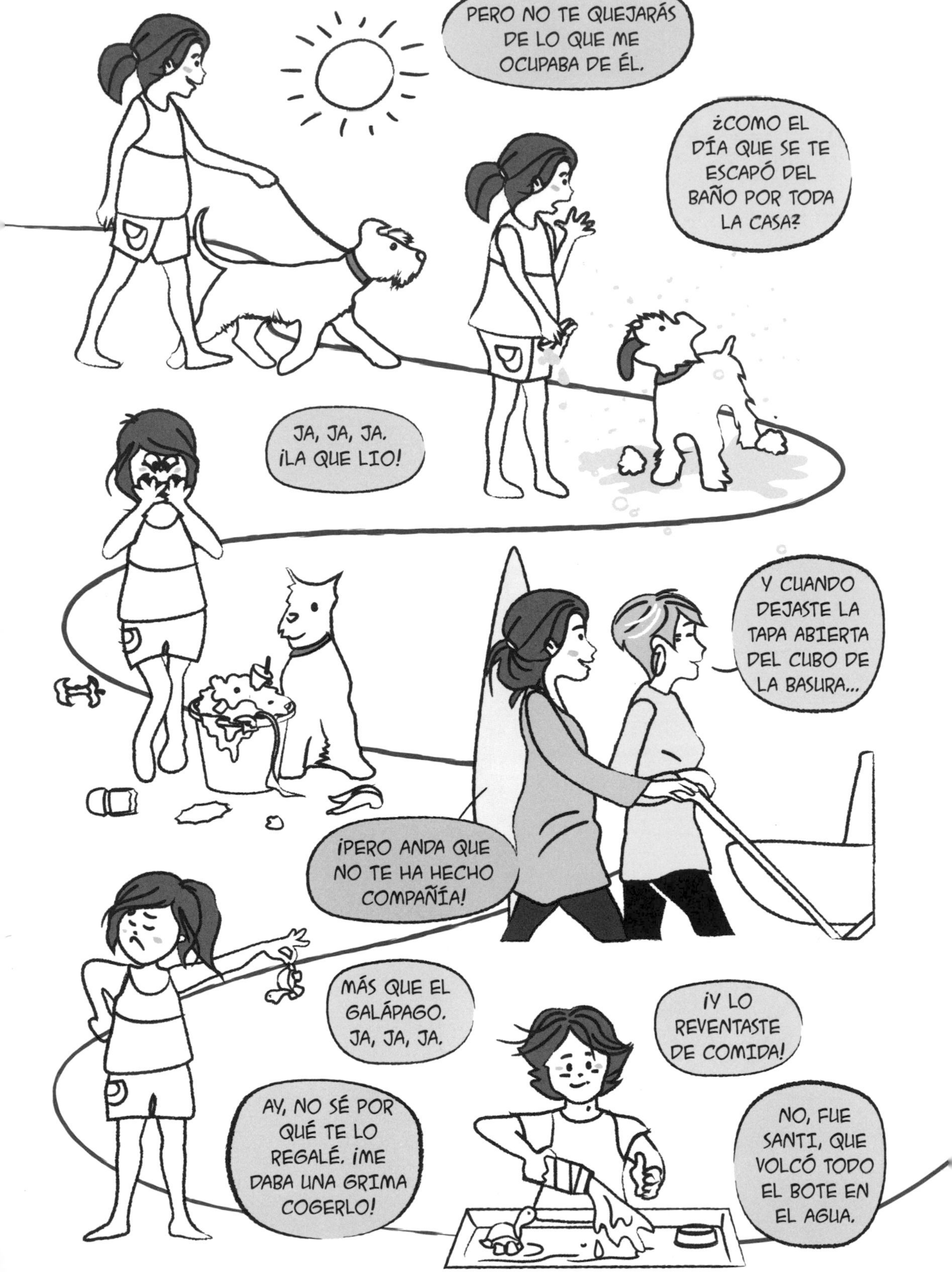
PERO NO TE QUEJARÁS DE LO QUE ME OCUPABA DE ÉL.
¿COMO EL DÍA QUE SE TE ESCAPÓ DEL BAÑO POR TODA LA CASA?
JA, JA, JA. ¡LA QUE LIO!
Y CUANDO DEJASTE LA TAPA ABIERTA DEL CUBO DE LA BASURA...
¡PERO ANDA QUE NO TE HA HECHO COMPAÑÍA!
MÁS QUE EL GALÁPAGO. JA, JA, JA.
¡Y LO REVENTASTE DE COMIDA!
AY, NO SÉ POR QUÉ TE LO REGALÉ. ¡ME DABA UNA GRIMA COGERLO!
NO, FUE SANTI, QUE VOLCÓ TODO EL BOTE EN EL AGUA.

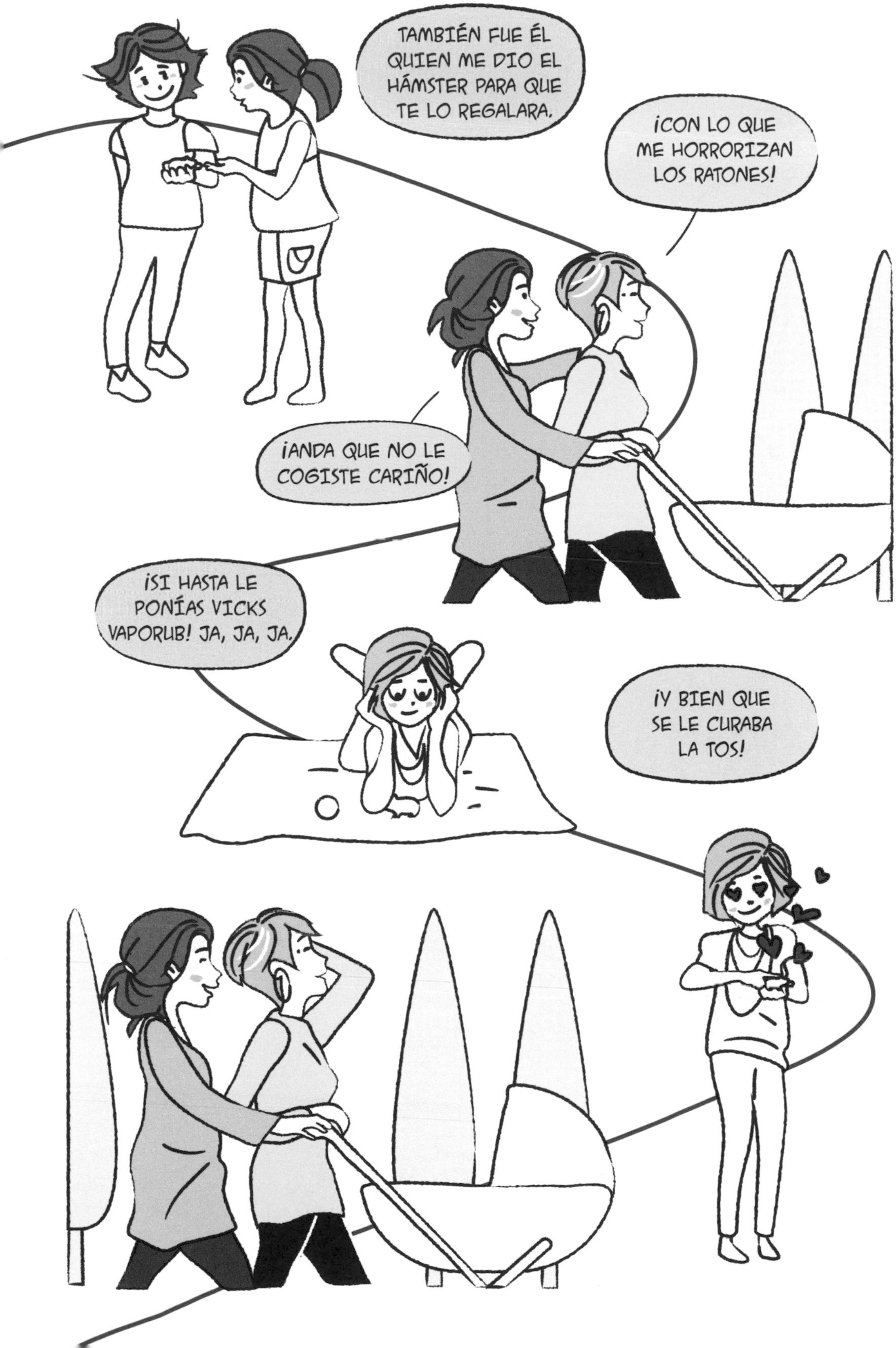
TAMBIÉN FUE ÉL QUIEN ME DIO EL HÁMSTER PARA QUE TE LO REGALARA.
¡CON LO QUE ME HORRORIZAN LOS RATONES!
¡ANDA QUE NO LE COGISTE CARIÑO!
¡SI HASTA LE PONÍAS VICKS VAPORUB! JA, JA, JA.
¡Y BIEN QUE SE LE CURABA LA TOS!

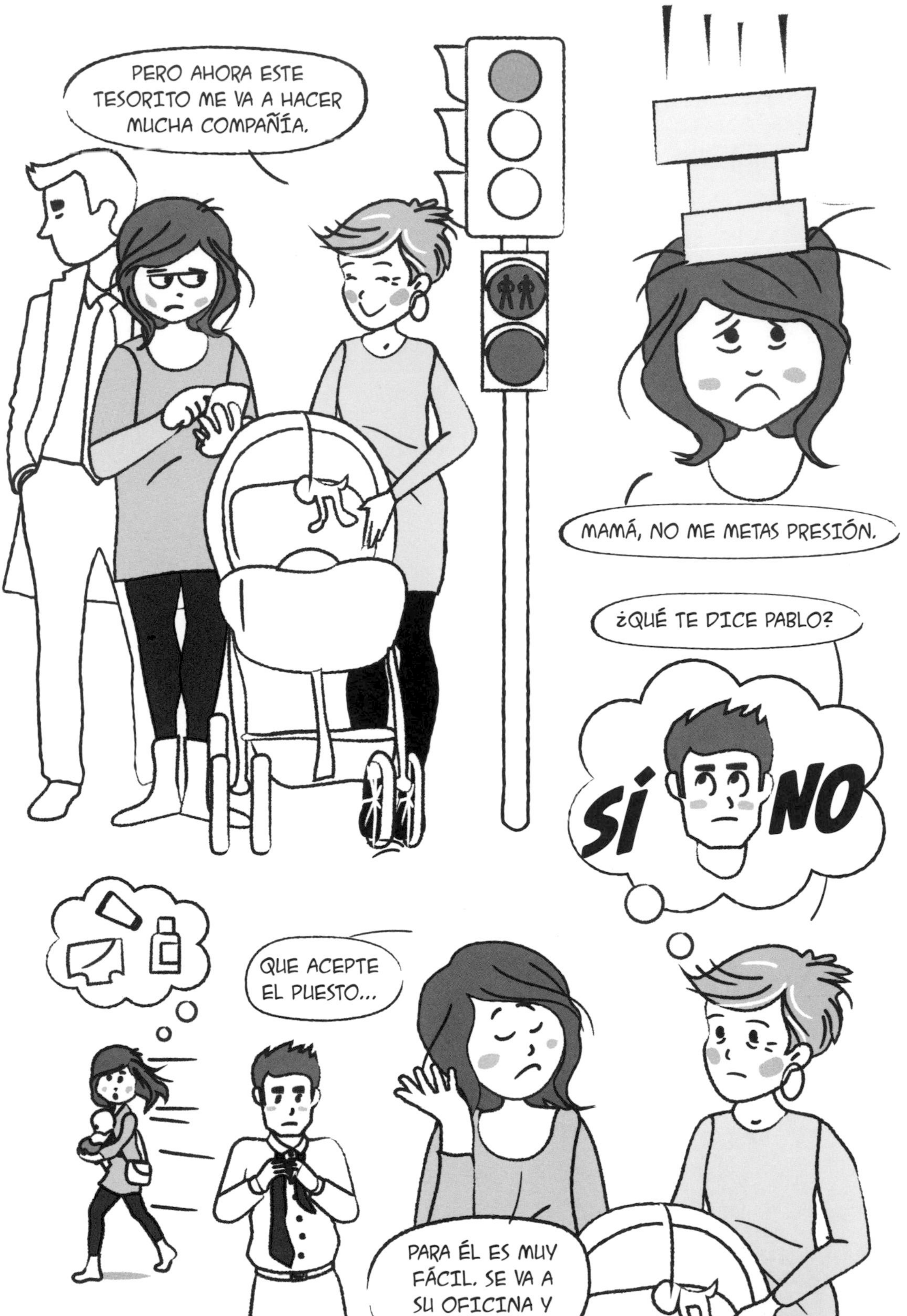

PERO AHORA ESTE TESORITO ME VA A HACER MUCHA COMPAÑÍA.
MAMÁ, NO ME METAS PRESIÓN.
¿QUÉ TE DICE PABLO?
SÍ
NO
QUE ACEPTE EL PUESTO...
PARA ÉL ES MUY FÁCIL. SE VA A SU OFICINA Y DESCONECTA...

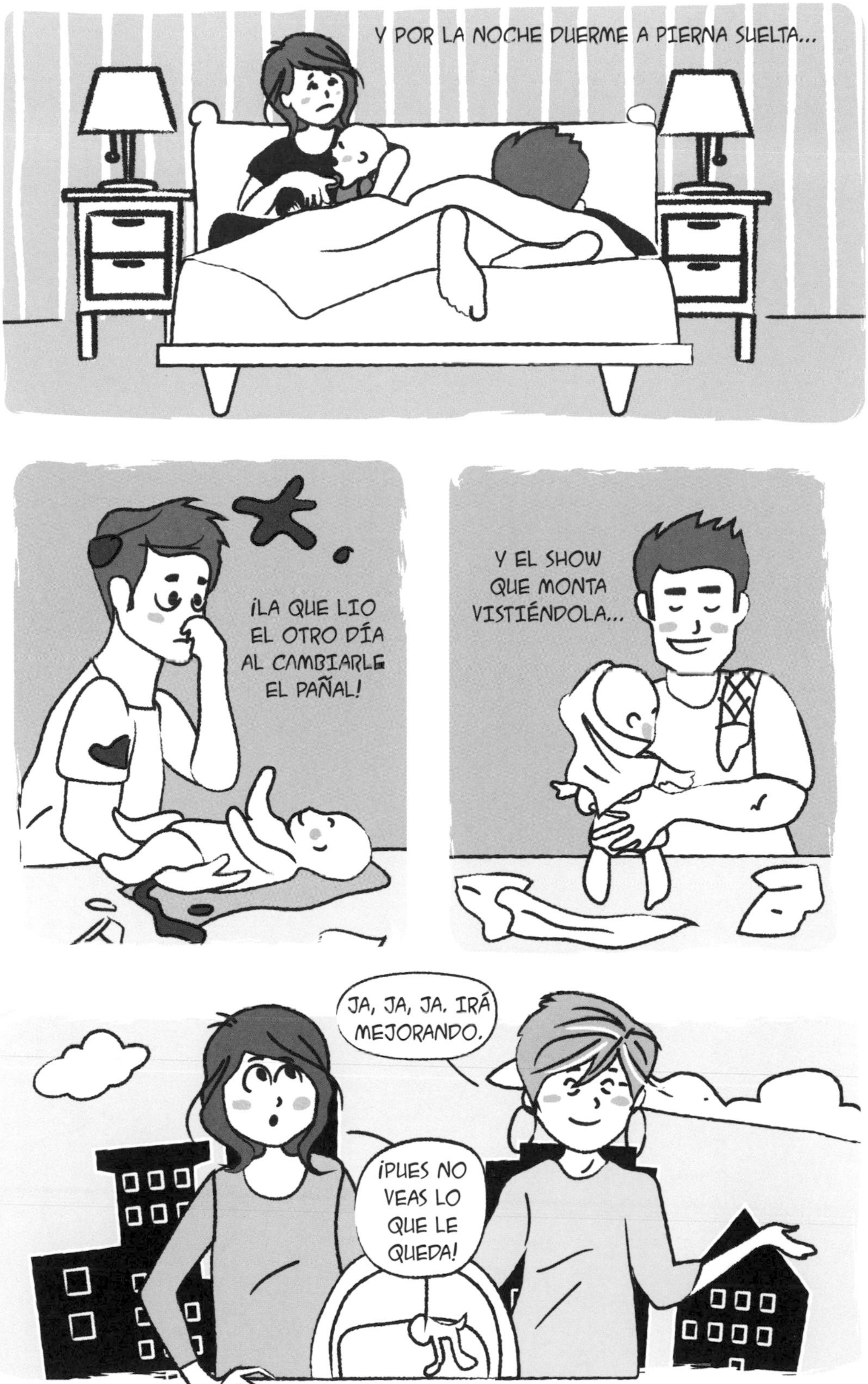
Y POR LA NOCHE DUERME A PIERNA SUELTA...
¡LA QUE LIO EL OTRO DÍA AL CAMBIARLE EL PAÑAL!
Y EL SHOW QUE MONTA VISTIÉNDOLA...
JA, JA, JA. IRÁ MEJORANDO.
¡PUES NO VEAS LO QUE LE QUEDA!

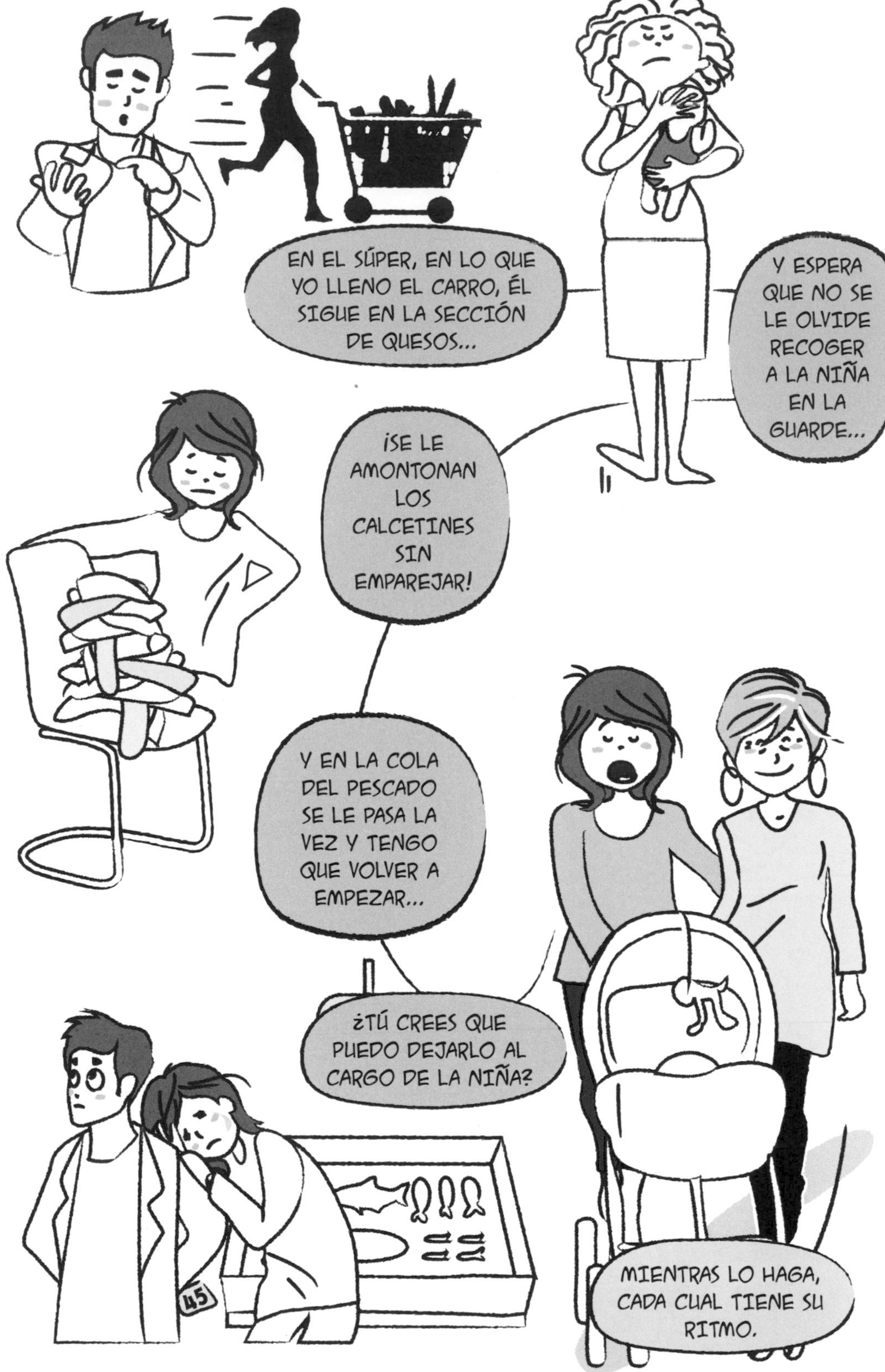
EN EL SÚPER, EN LO QUE YO LLENO EL CARRO, ÉL SIGUE EN LA SECCIÓN DE QUESOS...
Y ESPERA QUE NO SE LE OLVIDE RECOGER A LA NIÑA EN LA GUARDE...
¡SE LE AMONTONAN LOS CALCETINES SIN EMPAREJAR!
Y EN LA COLA DEL PESCADO SE LE PASA LA VEZ Y TENGO QUE VOLVER A EMPEZAR...
45
¿TÚ CREES QUE PUEDO DEJARLO AL CARGO DE LA NIÑA?
MIENTRAS LO HAGA, CADA CUAL TIENE SU RITMO.

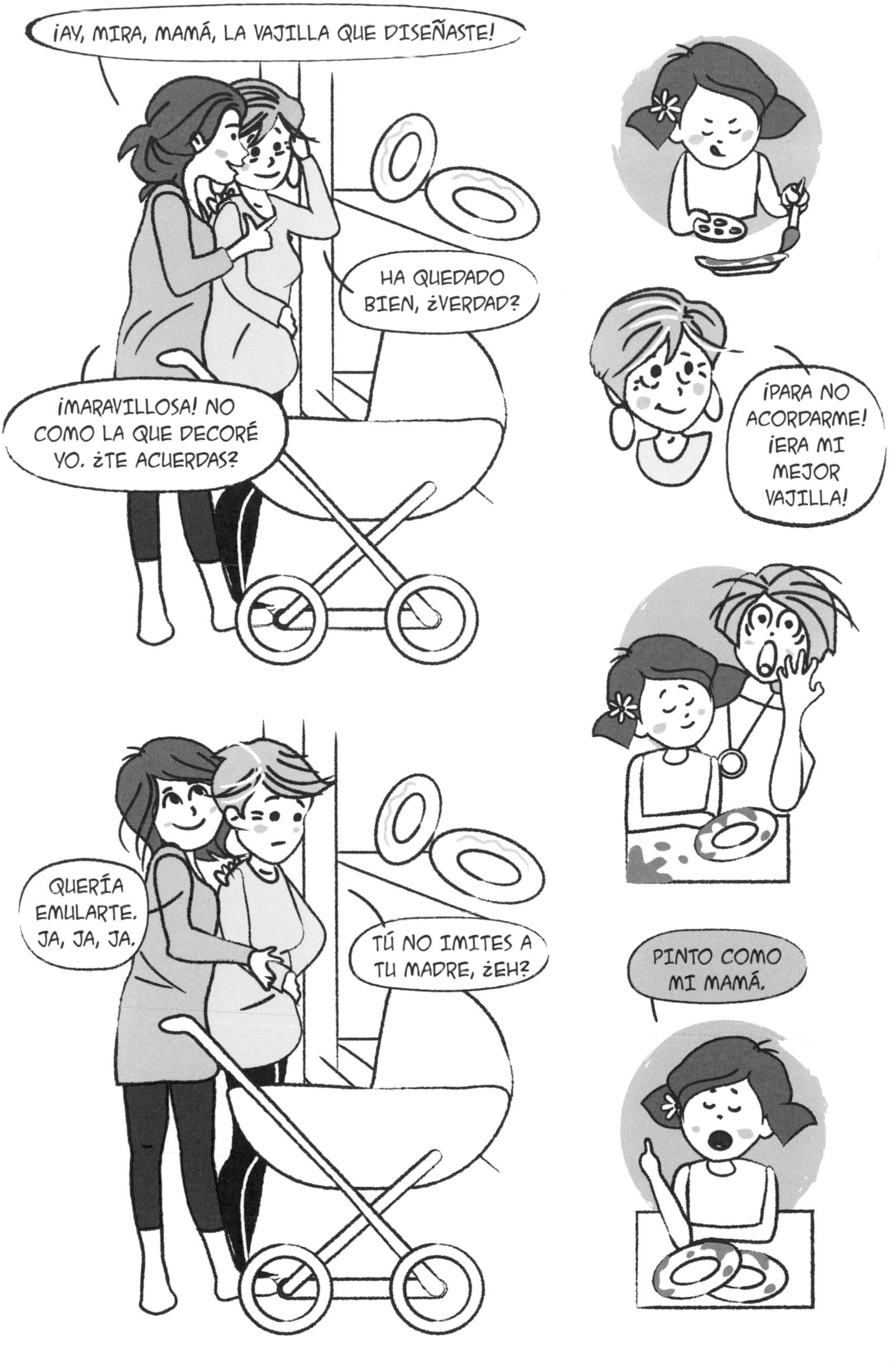
¡AY, MIRA, MAMÁ, LA VAJILLA QUE DISEÑASTE!
HA QUEDADO BIEN, ¿VERDAD?
¡MARAVILLOSA! NO COMO LA QUE DECORÉ YO. ¿TE ACUERDAS?
¡PARA NO ACORDARME! ¡ERA MI MEJOR VAJILLA!
PINTO COMO MI MAMÁ.
QUERÍA EMULARTE. JA, JA, JA.
TÚ NO IMITES A TU MADRE, ¿EH?

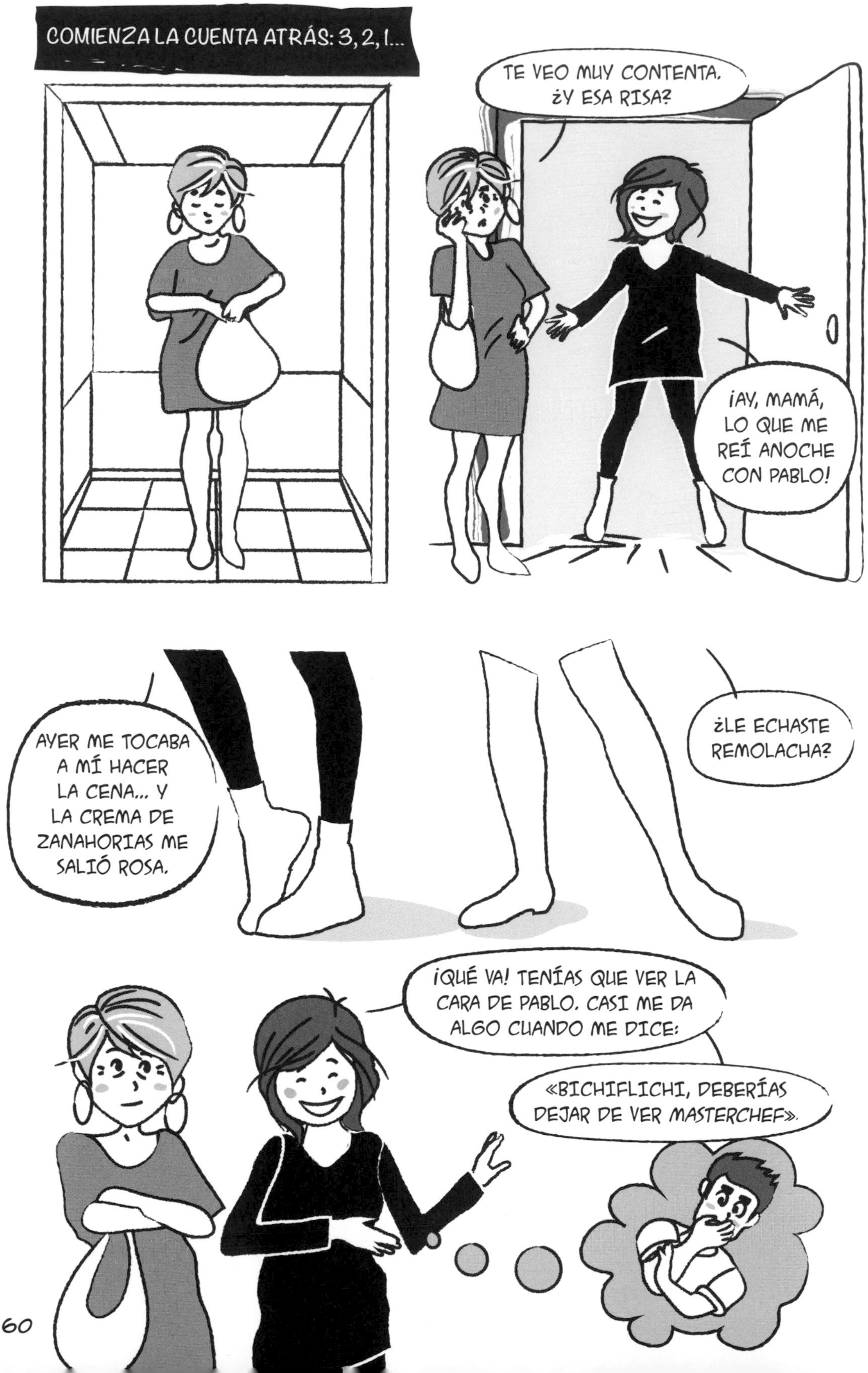
COMIENZA LA CUENTA ATRÁS: 3, 2, 1...
TE VEO MUY CONTENTA. ¿Y ESA RISA?
¡AY, MAMÁ, LO QUE ME REÍ ANOCHE CON PABLO!
AYER ME TOCABA A MÍ HACER LA CENA... Y LA CREMA DE ZANAHORIAS ME SALIÓ ROSA.
¿LE ECHASTE REMOLACHA?
¡QUÉ VA! TENÍAS QUE VER LA CARA DE PABLO. CASI ME DA ALGO CUANDO ME DICE:
«BICHIFLICHI, DEBERÍAS DEJAR DE VER MASTERCHEF».

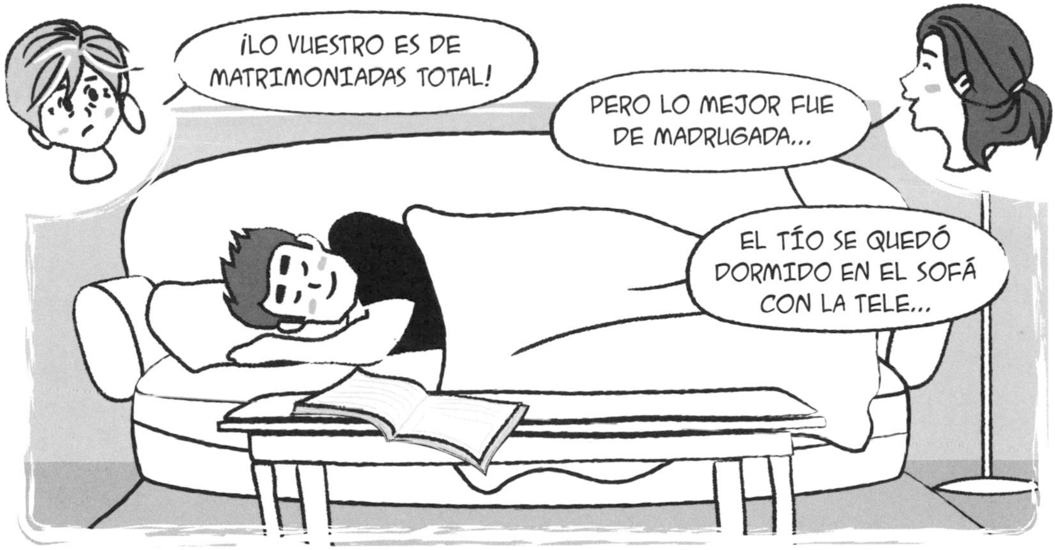
¡LO VUESTRO ES DE MATRIMONIADAS TOTAL!
PERO LO MEJOR FUE DE MADRUGADA...
EL TÍO SE QUEDÓ DORMIDO EN EL SOFÁ CON LA TELE...

Y A LAS DOS VINO ZOMBI A LA CAMA...

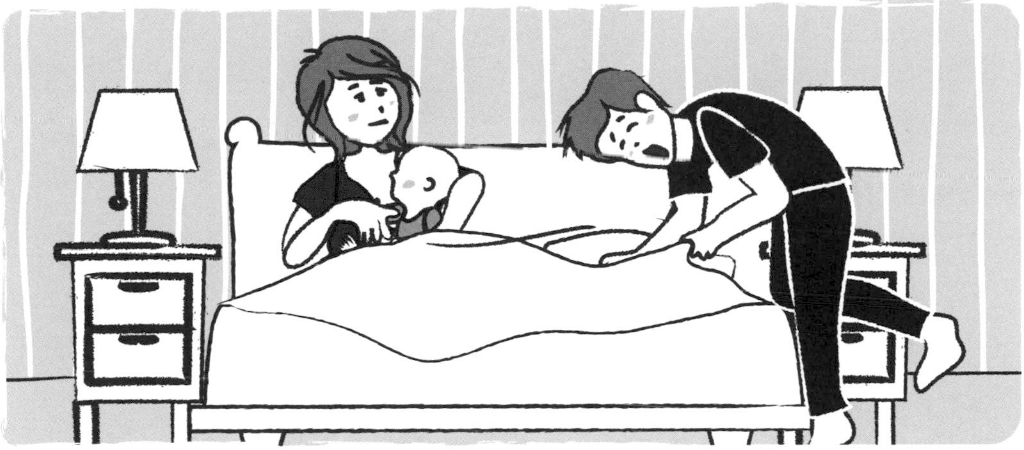

Y DE PRONTO, DA UN BOTE Y ME DICE: «BICHIFLICHI, ¿TE HAS HECHO PIS?».

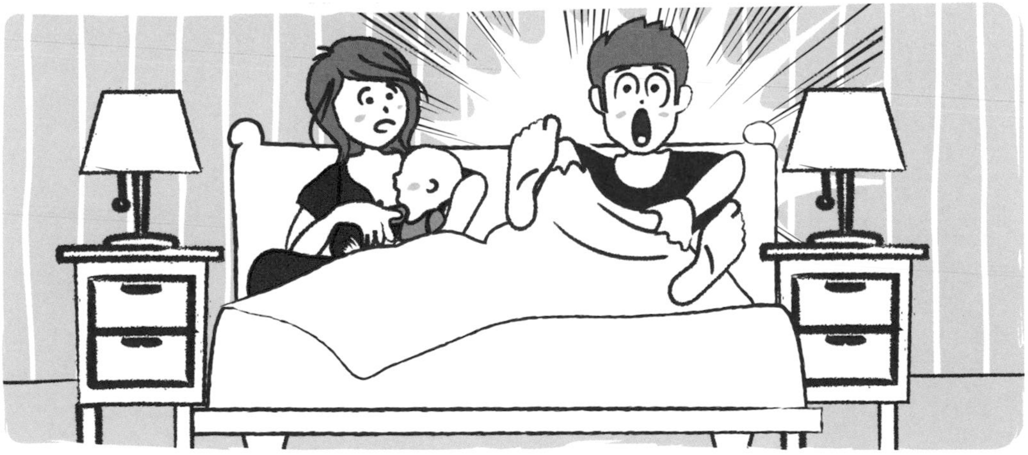

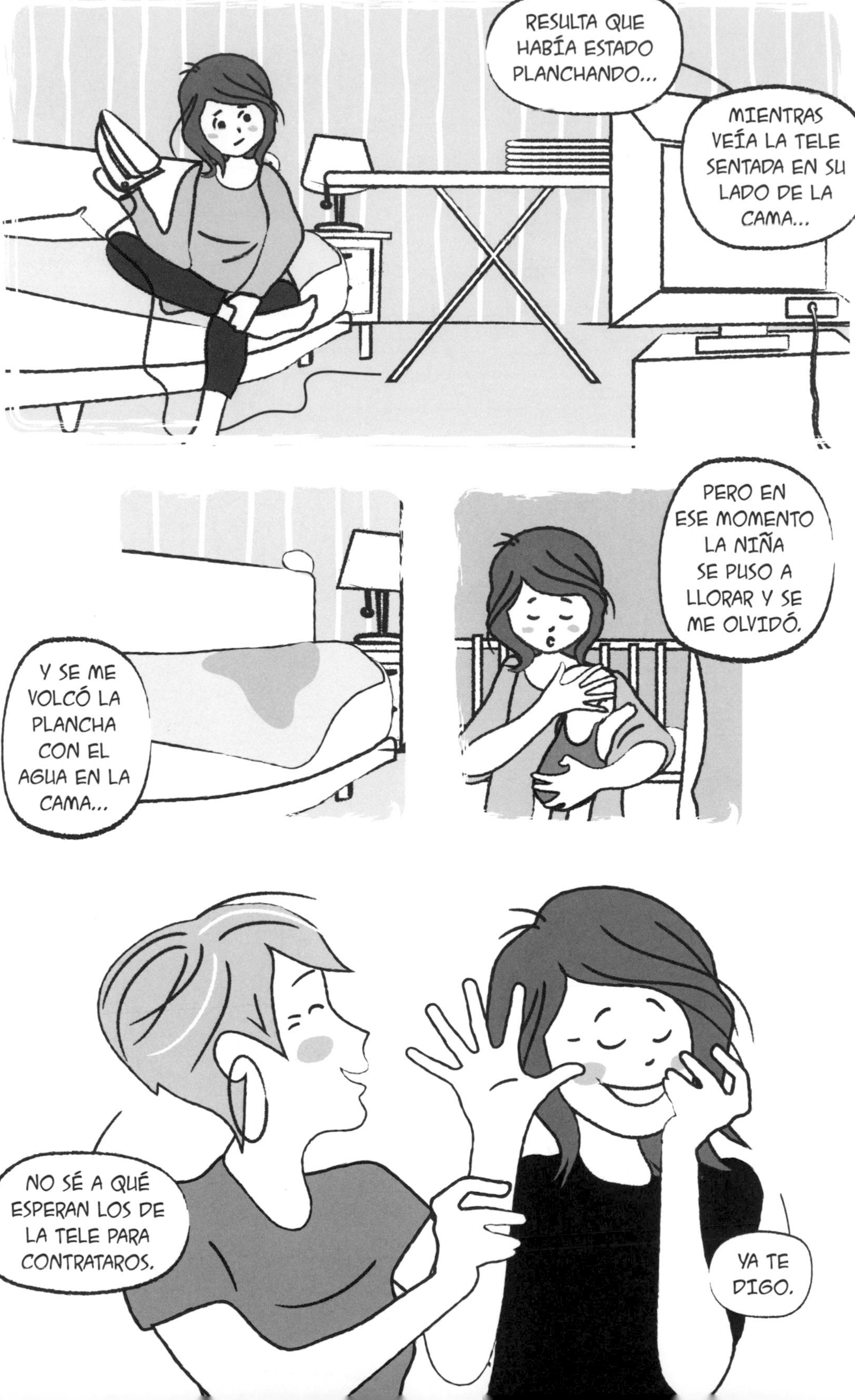
RESULTA QUE HABÍA ESTADO PLANCHANDO...
MIENTRAS VEÍA LA TELE SENTADA EN SU LADO DE LA CAMA...
Y SE ME VOLCÓ LA PLANCHA CON EL AGUA EN LA CAMA...
PERO EN ESE MOMENTO LA NIÑA SE PUSO A LLORAR Y SE ME OLVIDÓ.
NO SÉ A QUÉ ESPERAN LOS DE LA TELE PARA CONTRATAROS.
YA TE DIGO.

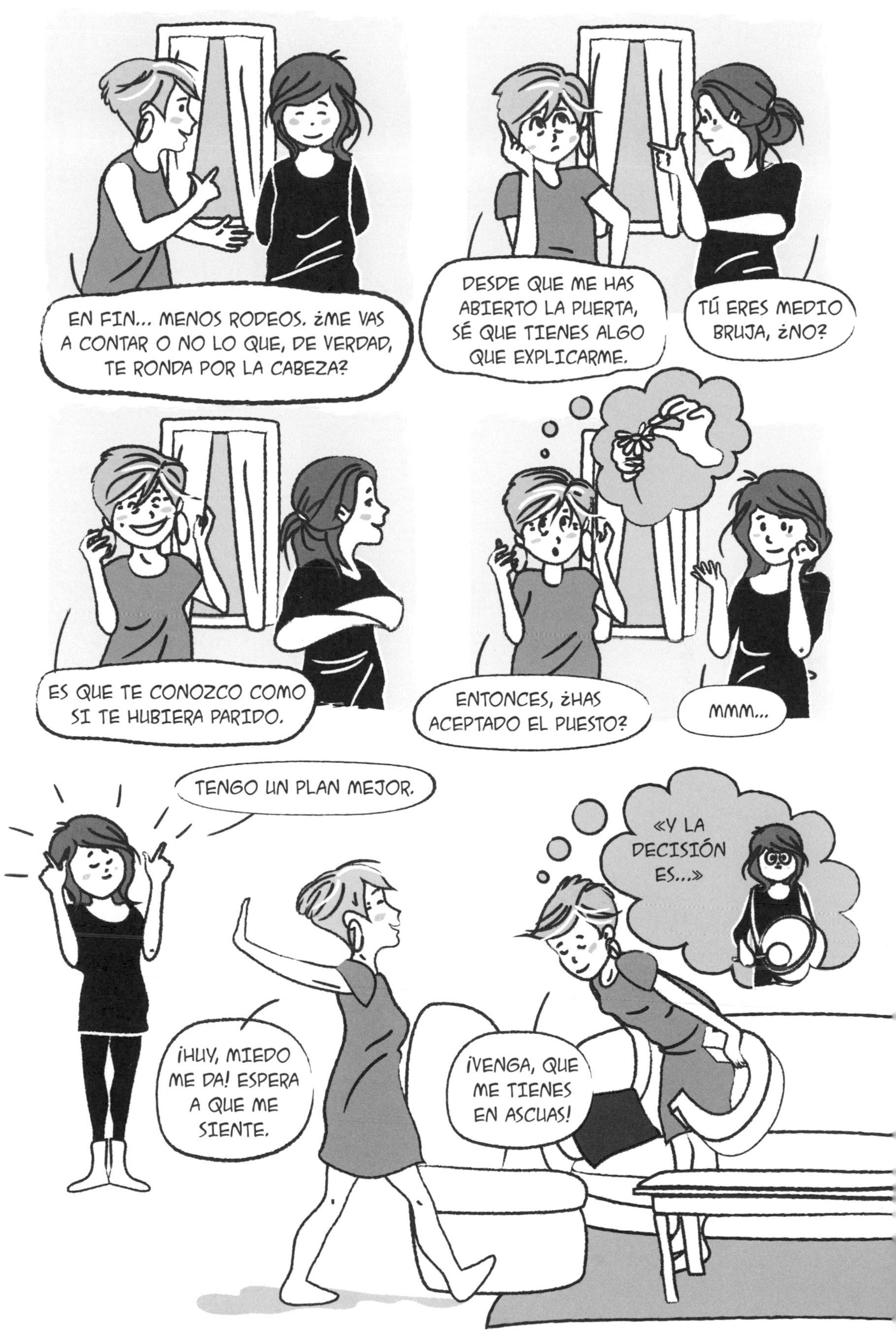
EN FIN... MENOS RODEOS. ¿ME VAS A CONTAR O NO LO QUE, DE VERDAD, TE RONDA POR LA CABEZA?
DESDE QUE ME HAS ABIERTO LA PUERTA, SÉ QUE TIENES ALGO QUE EXPLICARME.
TÚ ERES MEDIO BRUJA, ¿NO?
ES QUE TE CONOZCO COMO SI TE HUBIERA PARIDO.
ENTONCES, ¿HAS ACEPTADO EL PUESTO?
MMM...
TENGO UN PLAN MEJOR.
¡HUY, MIEDO ME DA! ESPERA A QUE ME SIENTE.
¡VENGA, QUE ME TIENES EN ASCUAS!
«Y LA DECISIÓN ES...»

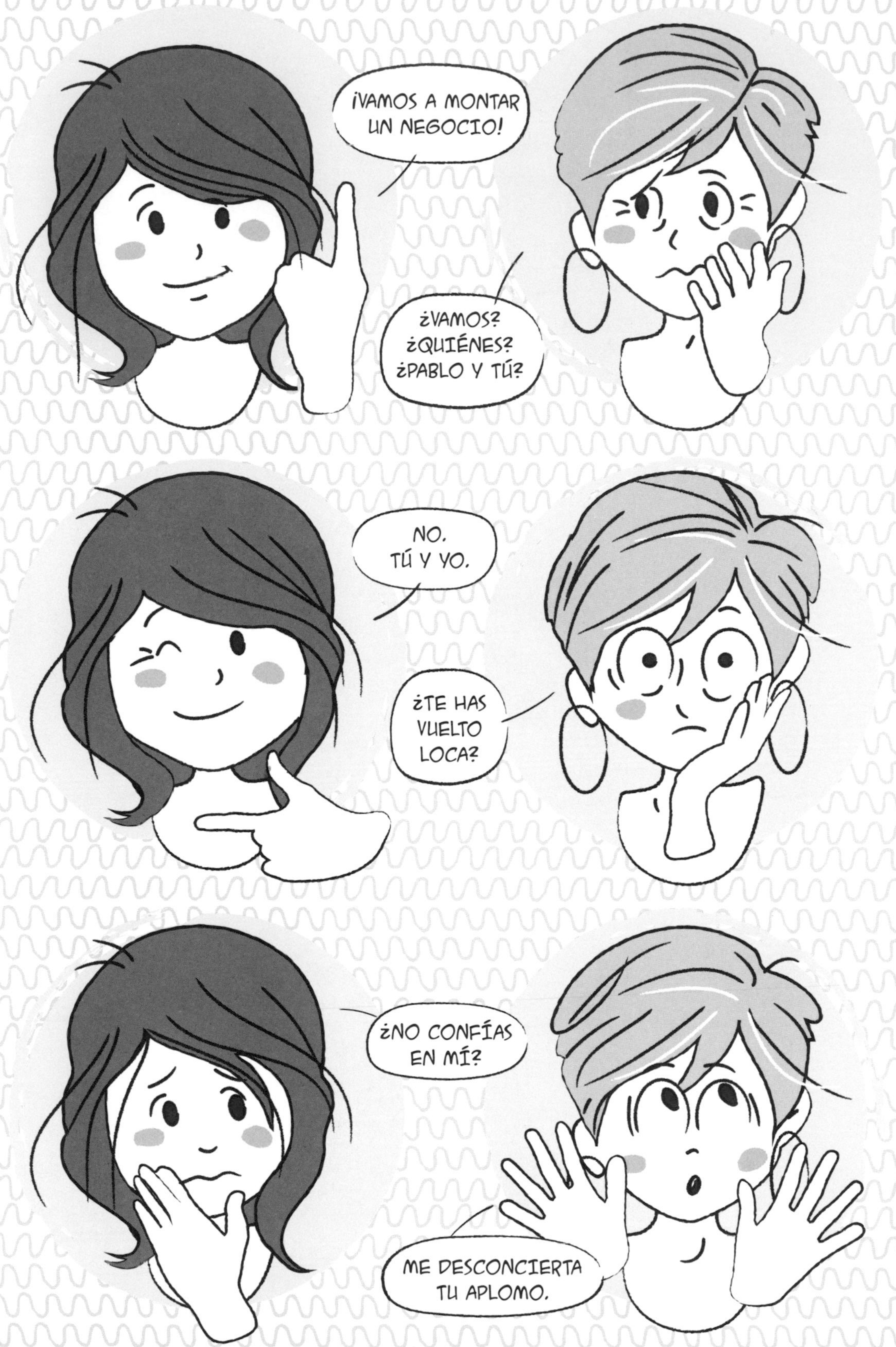
¡VAMOS A MONTAR UN NEGOCIO!
¿VAMOS? ¿QUIÉNES? ¿PABLO Y TÚ?
NO. TÚ Y YO.
¿TE HAS VUELTO LOCA?
¿NO CONFÍAS EN MÍ?
ME DESCONCIERTA TU APLOMO.

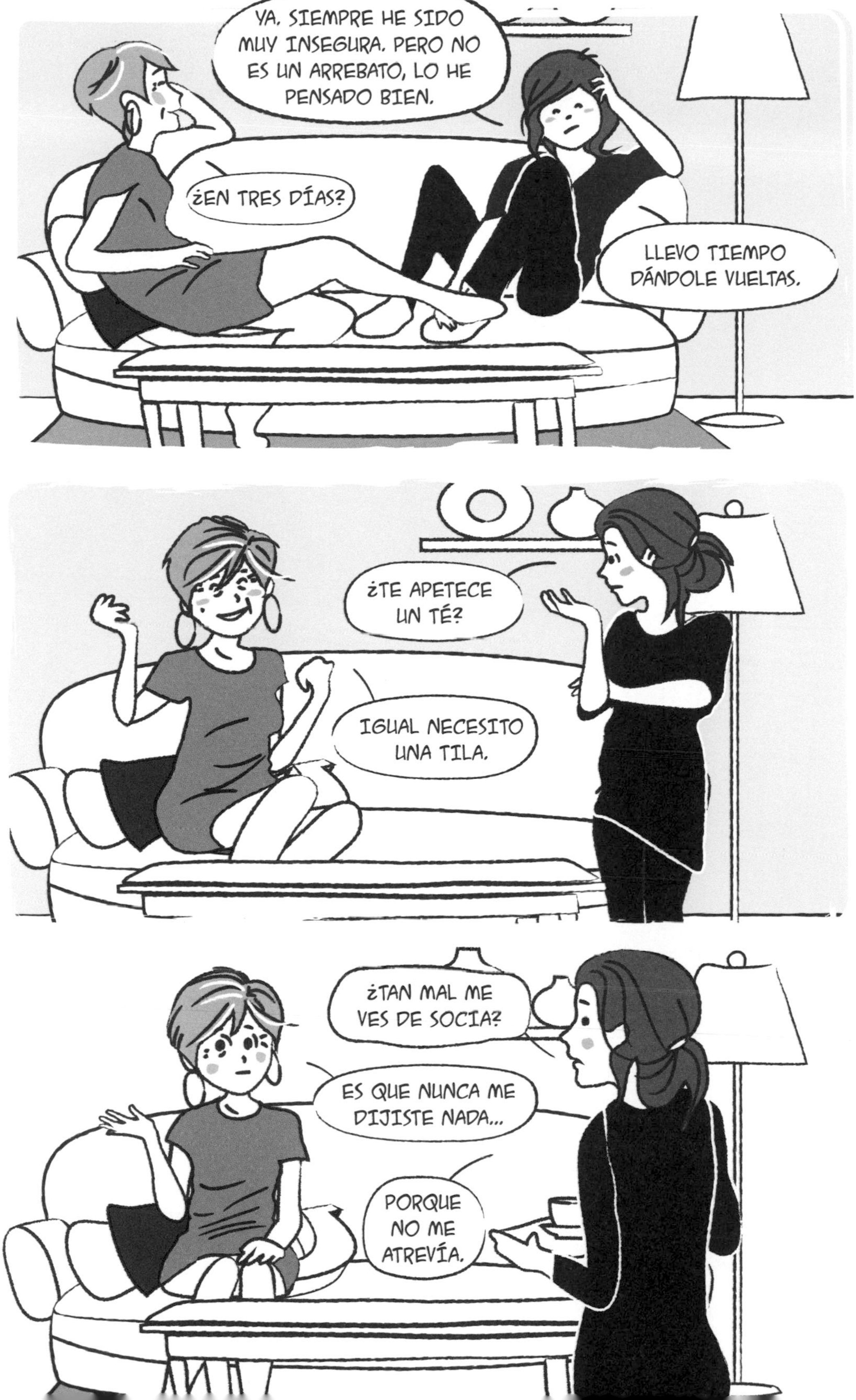

YA, SIEMPRE HE SIDO MUY INSEGURA, PERO NO ES UN ARREBATO, LO HE PENSADO BIEN.
¿EN TRES DÍAS?
LLEVO TIEMPO DÁNDOLE VUELTAS.
¿TE APETECE UN TÉ?
IGUAL NECESITO UNA TILA.
¿TAN MAL ME VES DE SOCIA?
ES QUE NUNCA ME DIJISTE NADA...
PORQUE NO ME ATREVÍA.

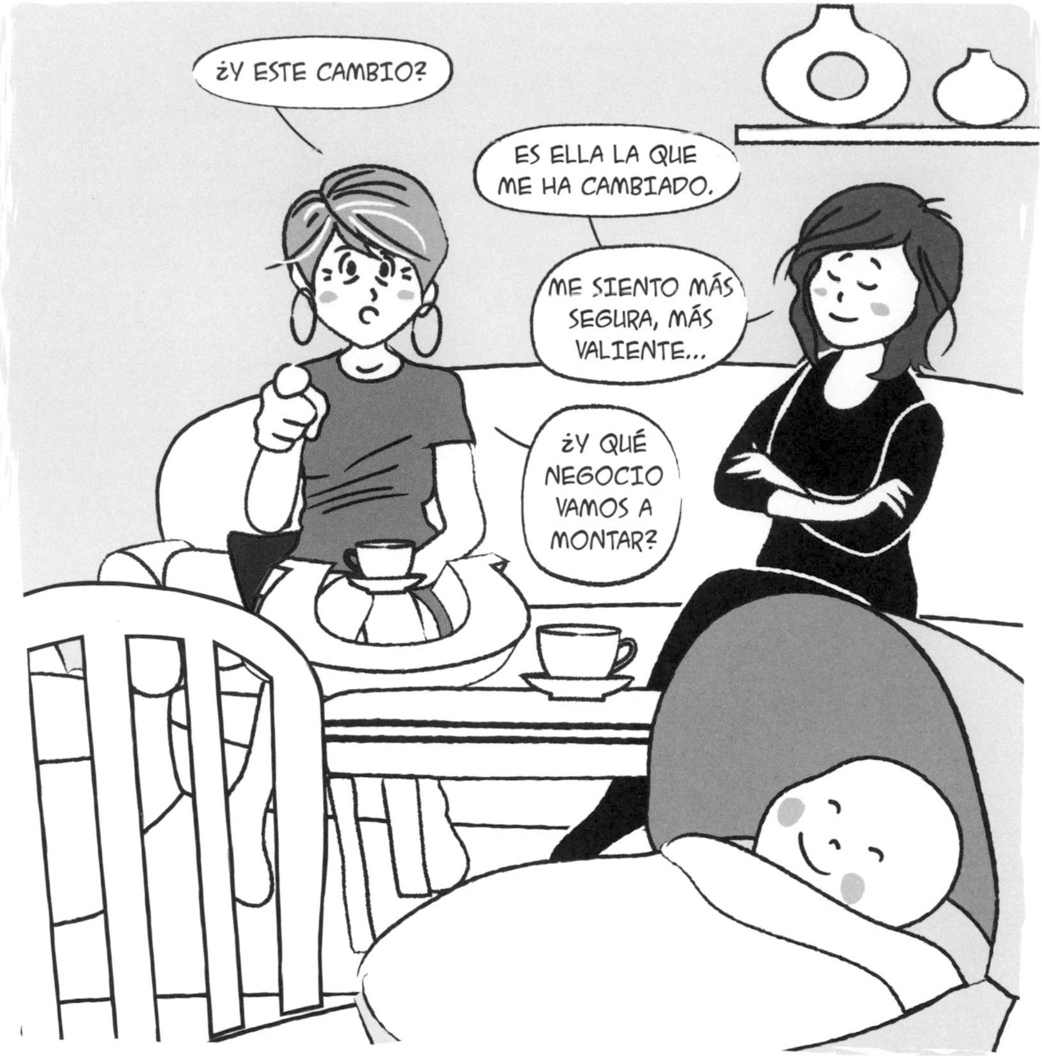
¿Y ESTE CAMBIO?
ES ELLA LA QUE ME HA CAMBIADO.
ME SIENTO MÁS SEGURA, MÁS VALIENTE...
¿Y QUÉ NEGOCIO VAMOS A MONTAR?

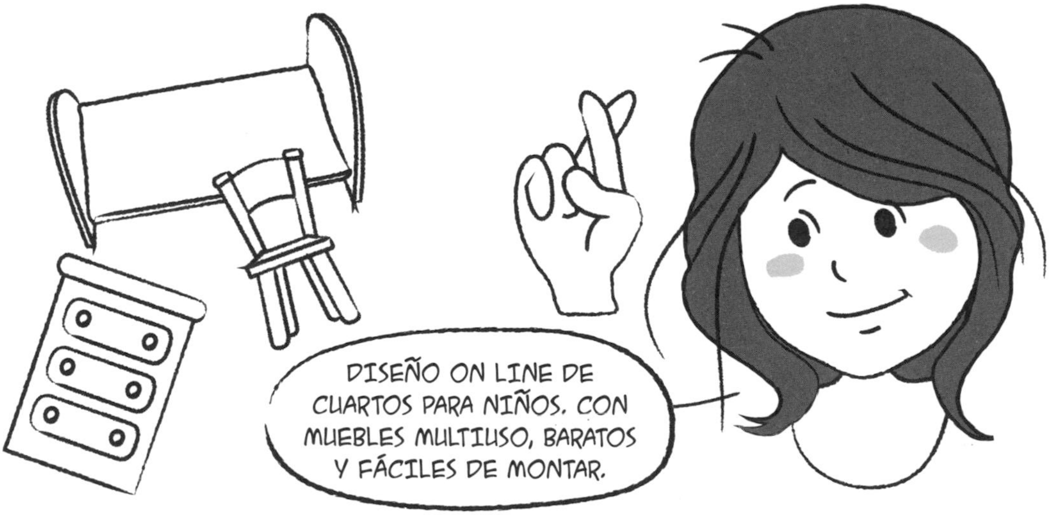
DISEÑO ON LINE DE CUARTOS PARA NIÑOS. CON MUEBLES MULTIUSO, BARATOS Y FÁCILES DE MONTAR.

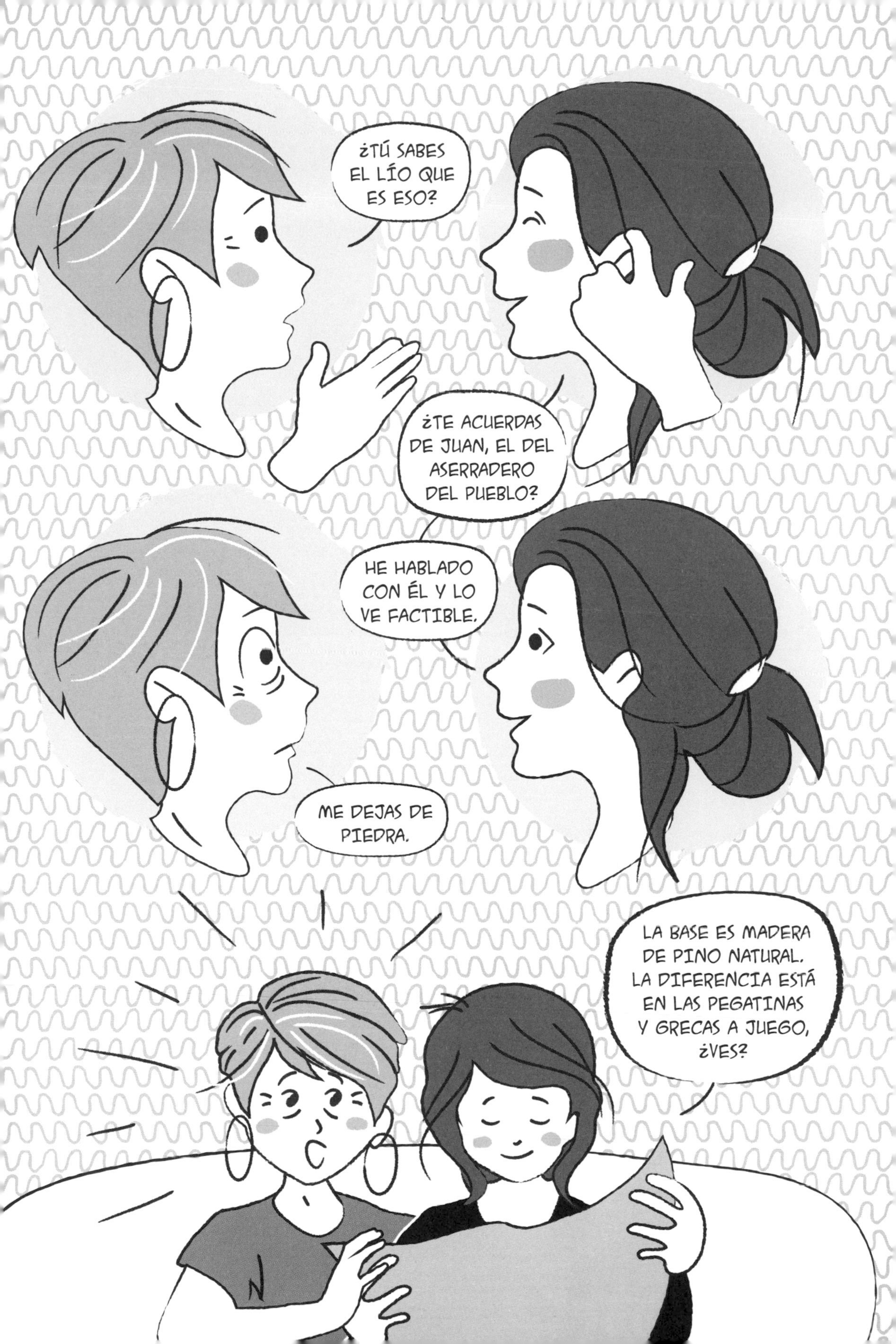
¿TÚ SABES EL LÍO QUE ES ESO?
¿TE ACUERDAS DE JUAN, EL DEL ASERRADERO DEL PUEBLO?
HE HABLADO CON ÉL Y LO VE FACTIBLE.
ME DEJAS DE PIEDRA.
LA BASE ES MADERA DE PINO NATURAL. LA DIFERENCIA ESTÁ EN LAS PEGATINAS Y GRECAS A JUEGO, ¿VES?

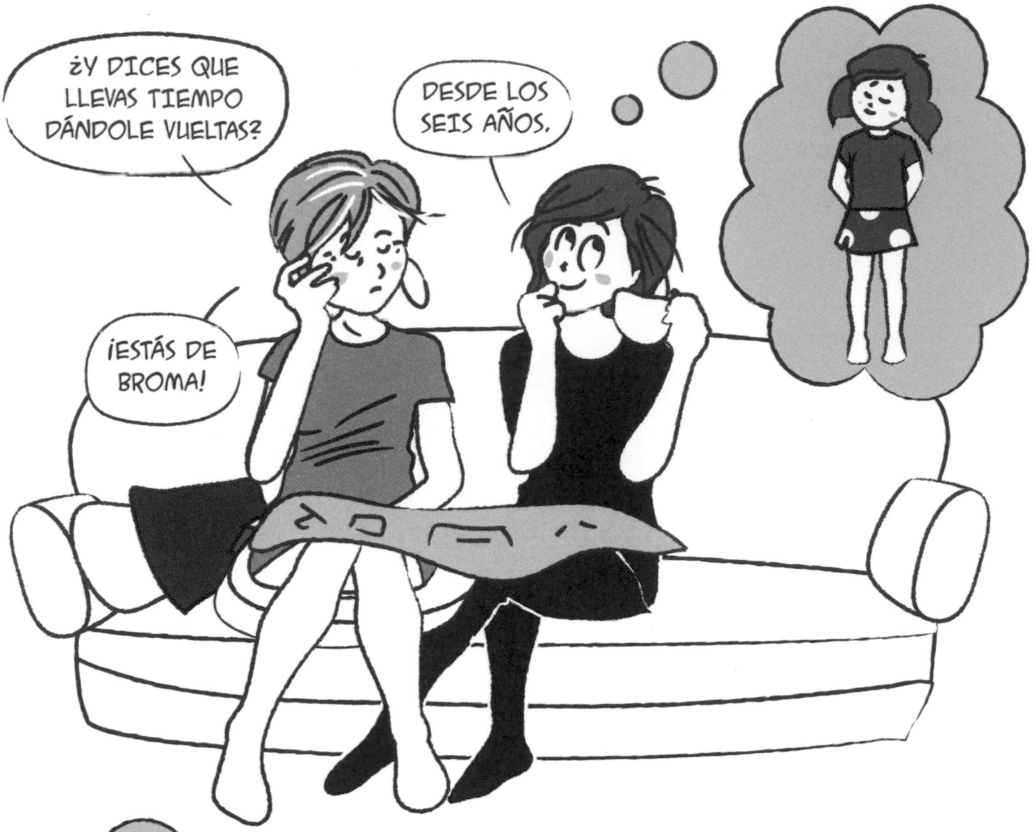
¿Y DICES QUE LLEVAS TIEMPO DÁNDOLE VUELTAS?
DESDE LOS SEIS AÑOS.
¡ESTÁS DE BROMA!

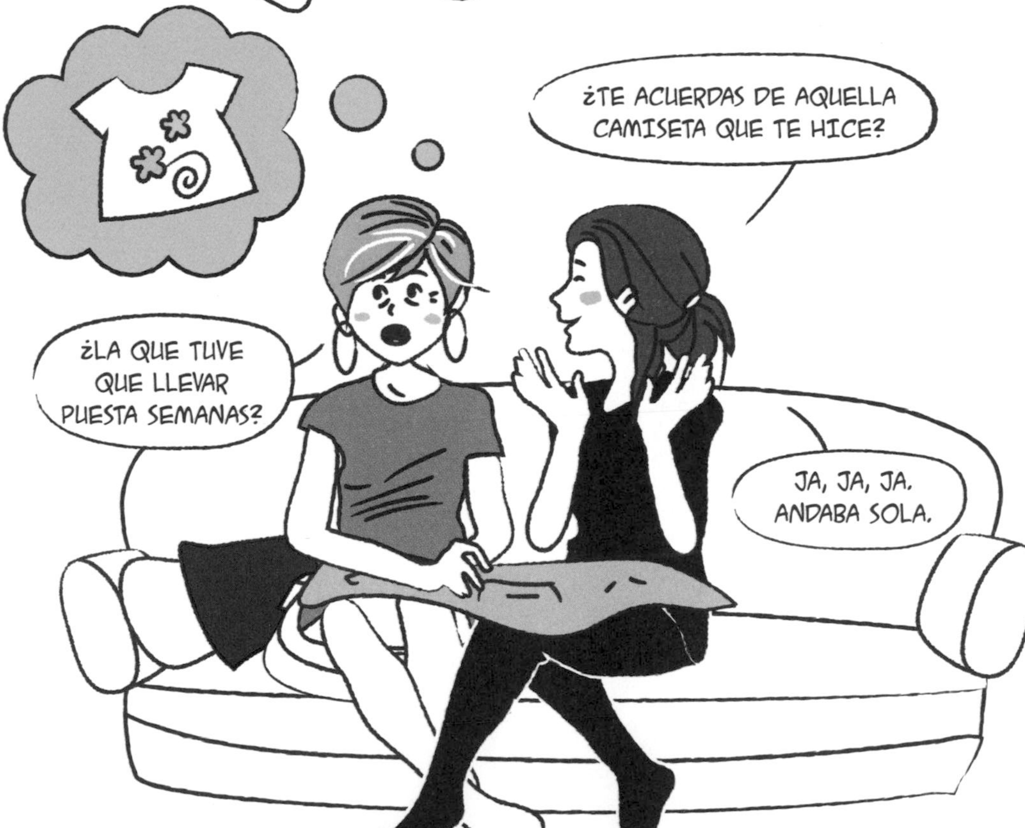
¿TE ACUERDAS DE AQUELLA CAMISETA QUE TE HICE?
¿LA QUE TUVE QUE LLEVAR PUESTA SEMANAS?
JA, JA, JA. ANDABA SOLA.

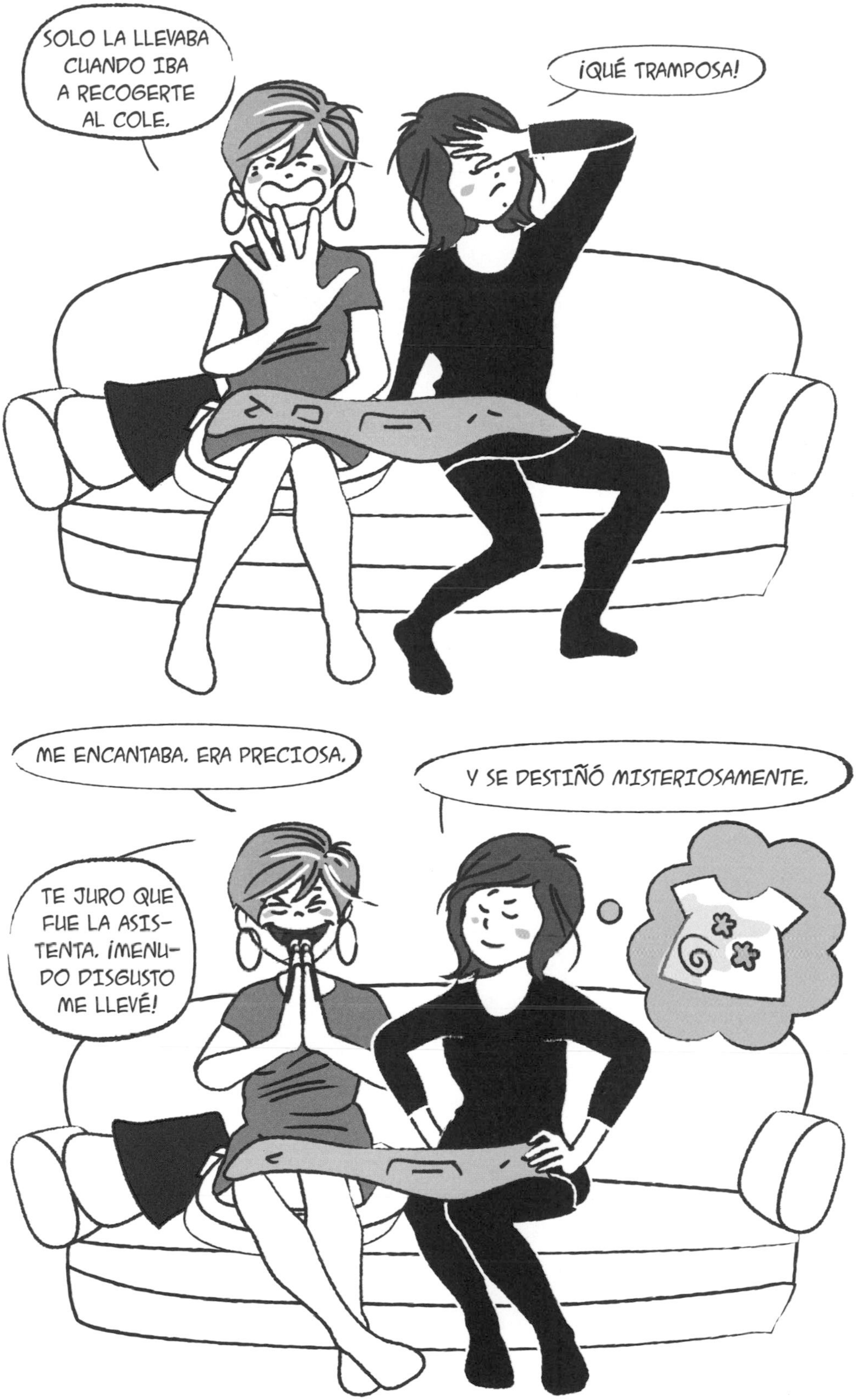
SOLO LA LLEVABA CUANDO IBA A RECOGERTE AL COLE.
¡QUÉ TRAMPOSA!
ME ENCANTABA. ERA PRECIOSA.
Y SE DESTIÑÓ MISTERIOSAMENTE.
TE JURO QUE FUE LA ASISTENTA. ¡MENUDO DISGUSTO ME LLEVÉ!

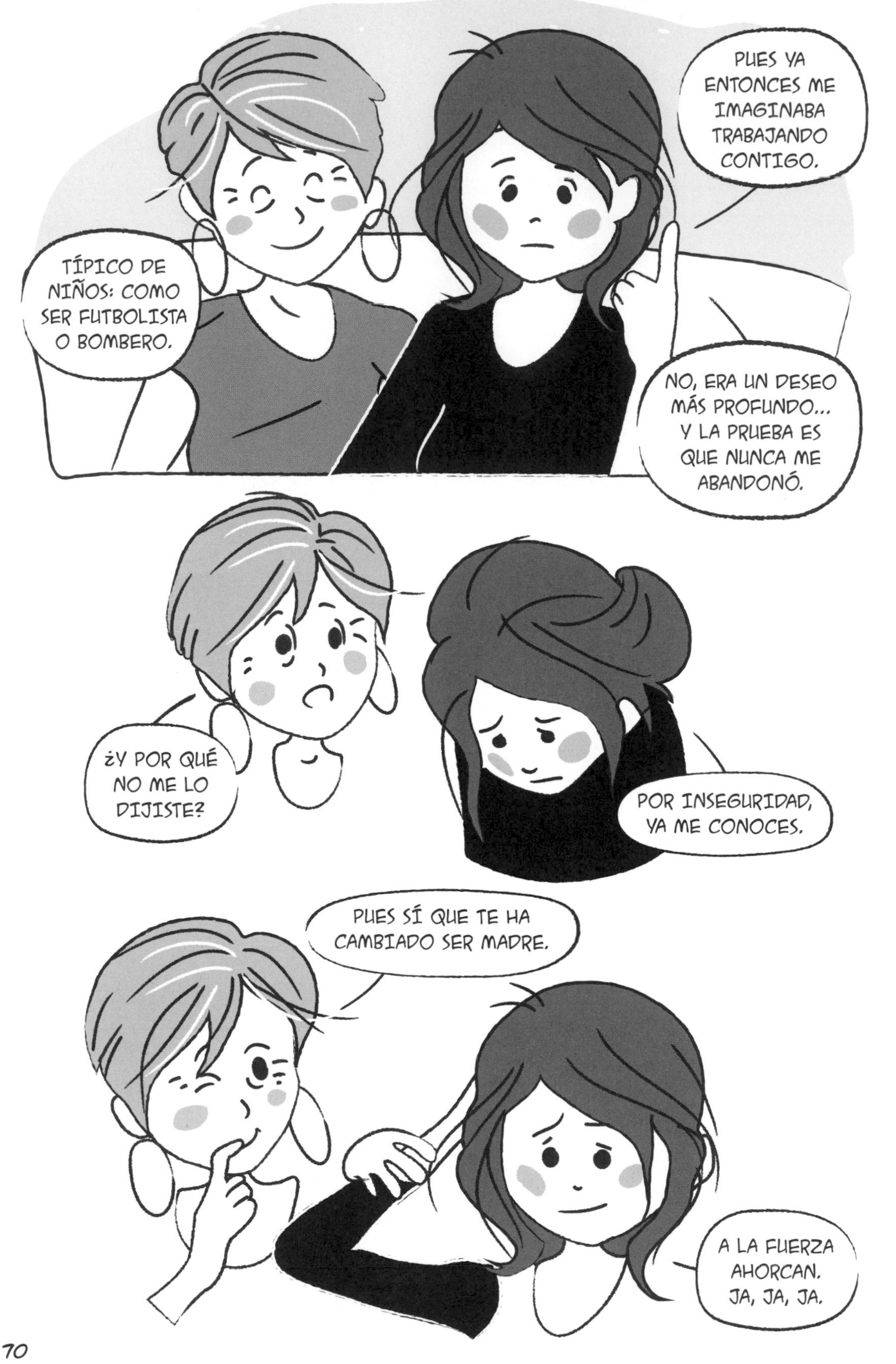
PUES YA ENTONCES ME IMAGINABA TRABAJANDO CONTIGO.
TÍPICO DE NIÑOS: COMO SER FUTBOLISTA O BOMBERO.
NO, ERA UN DESEO MÁS PROFUNDO... Y LA PRUEBA ES QUE NUNCA ME ABANDONÓ.
¿Y POR QUÉ NO ME LO DIJISTE?
POR INSEGURIDAD, YA ME CONOCES.
PUES SÍ QUE TE HA CAMBIADO SER MADRE.
A LA FUERZA AHORCAN. JA, JA, JA.

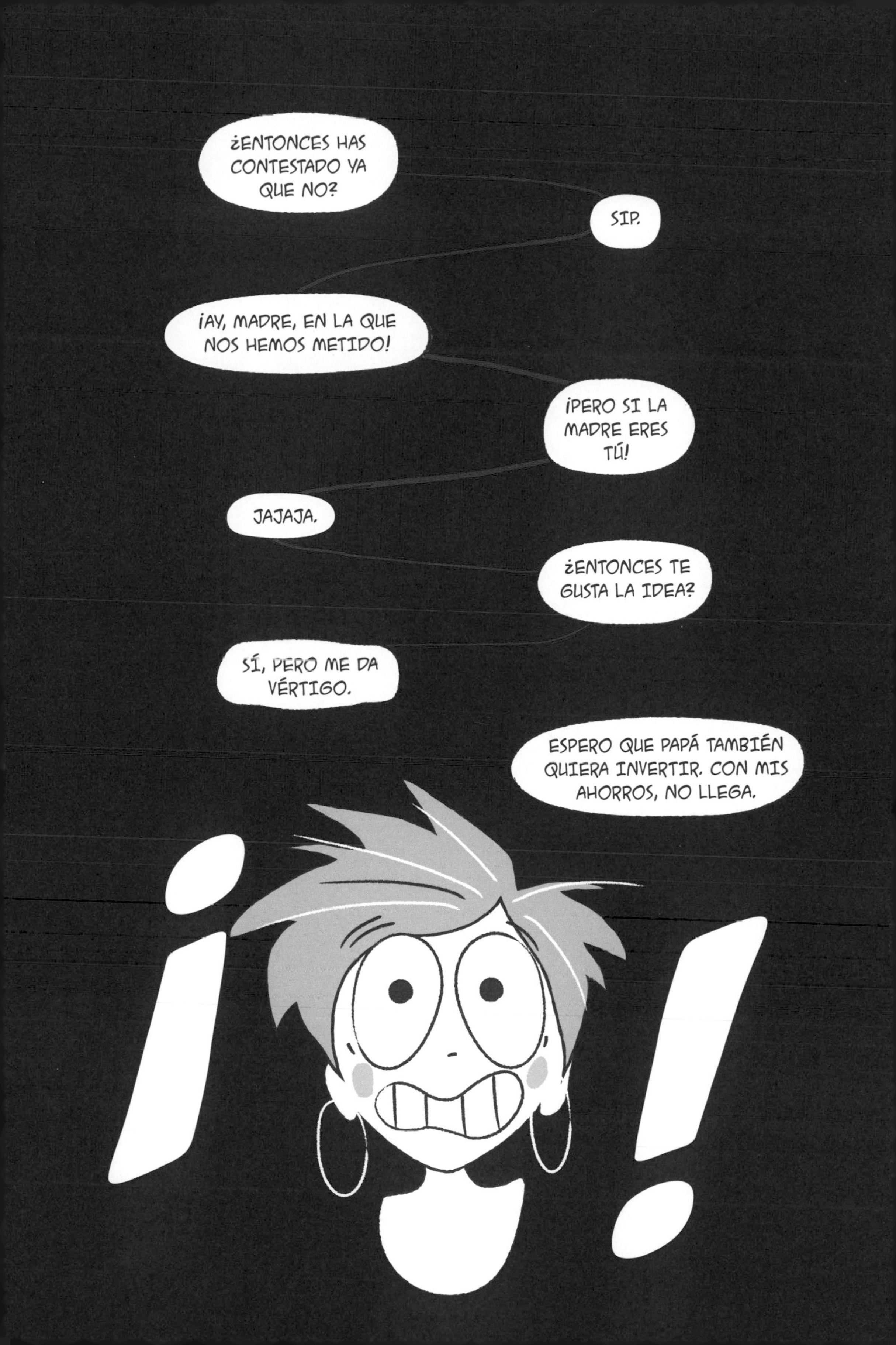
¿ENTONCES HAS CONTESTADO YA QUE NO?
SIP.
¡AY, MADRE, EN LA QUE NOS HEMOS METIDO!
¡PERO SI LA MADRE ERES TÚ!
JAJAJA.
¿ENTONCES TE GUSTA LA IDEA?
SÍ, PERO ME DA VÉRTIGO.
ESPERO QUE PAPÁ TAMBIÉN QUIERA INVERTIR. CON MIS AHORROS, NO LLEGA.
¡!

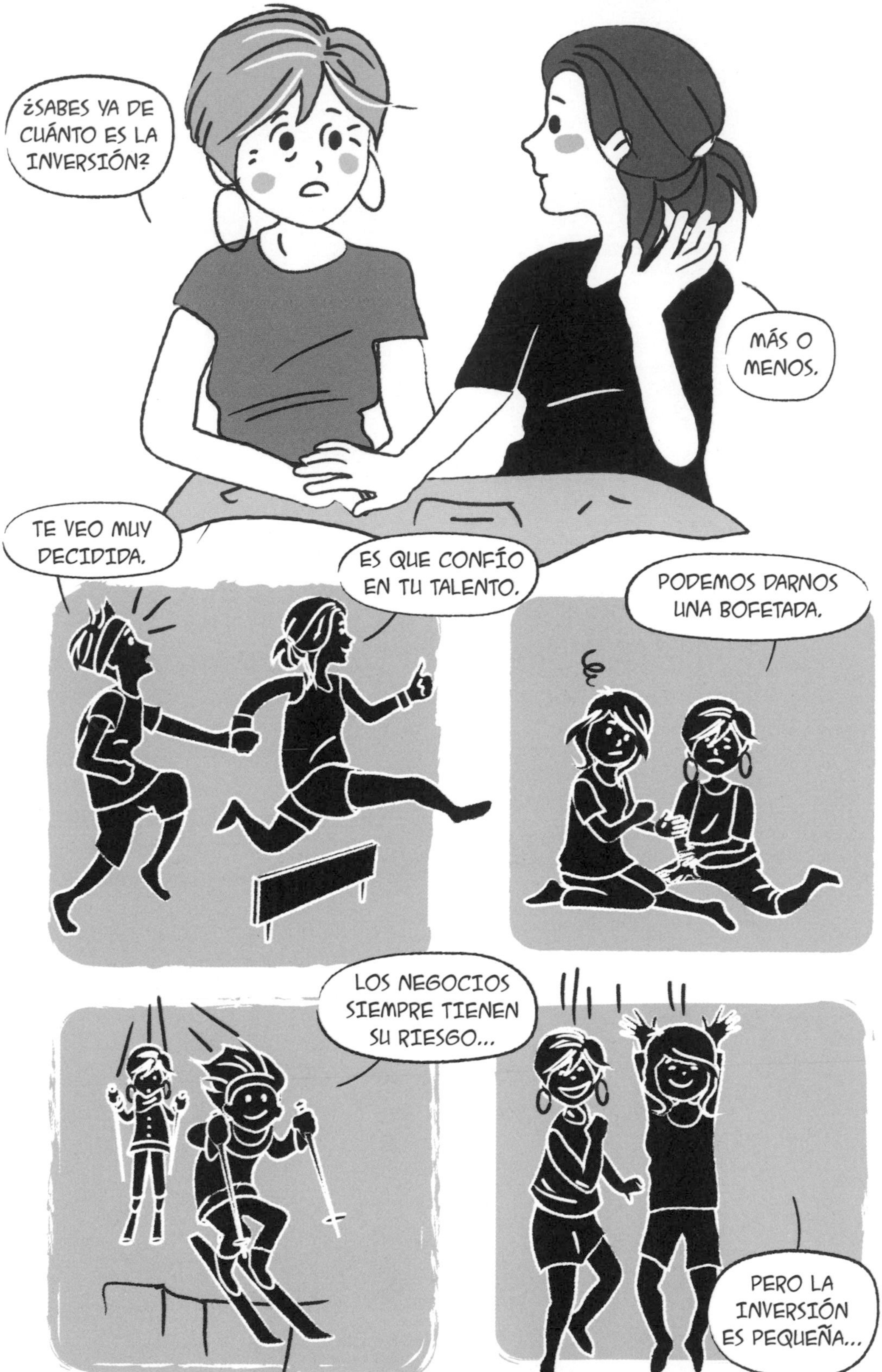
¿SABES YA DE CUÁNTO ES LA INVERSIÓN?
MÁS O MENOS.
TE VEO MUY DECIDIDA.
ES QUE CONFÍO EN TU TALENTO.
PODEMOS DARNOS UNA BOFETADA.
LOS NEGOCIOS SIEMPRE TIENEN SU RIESGO...
PERO LA INVERSIÓN ES PEQUEÑA...

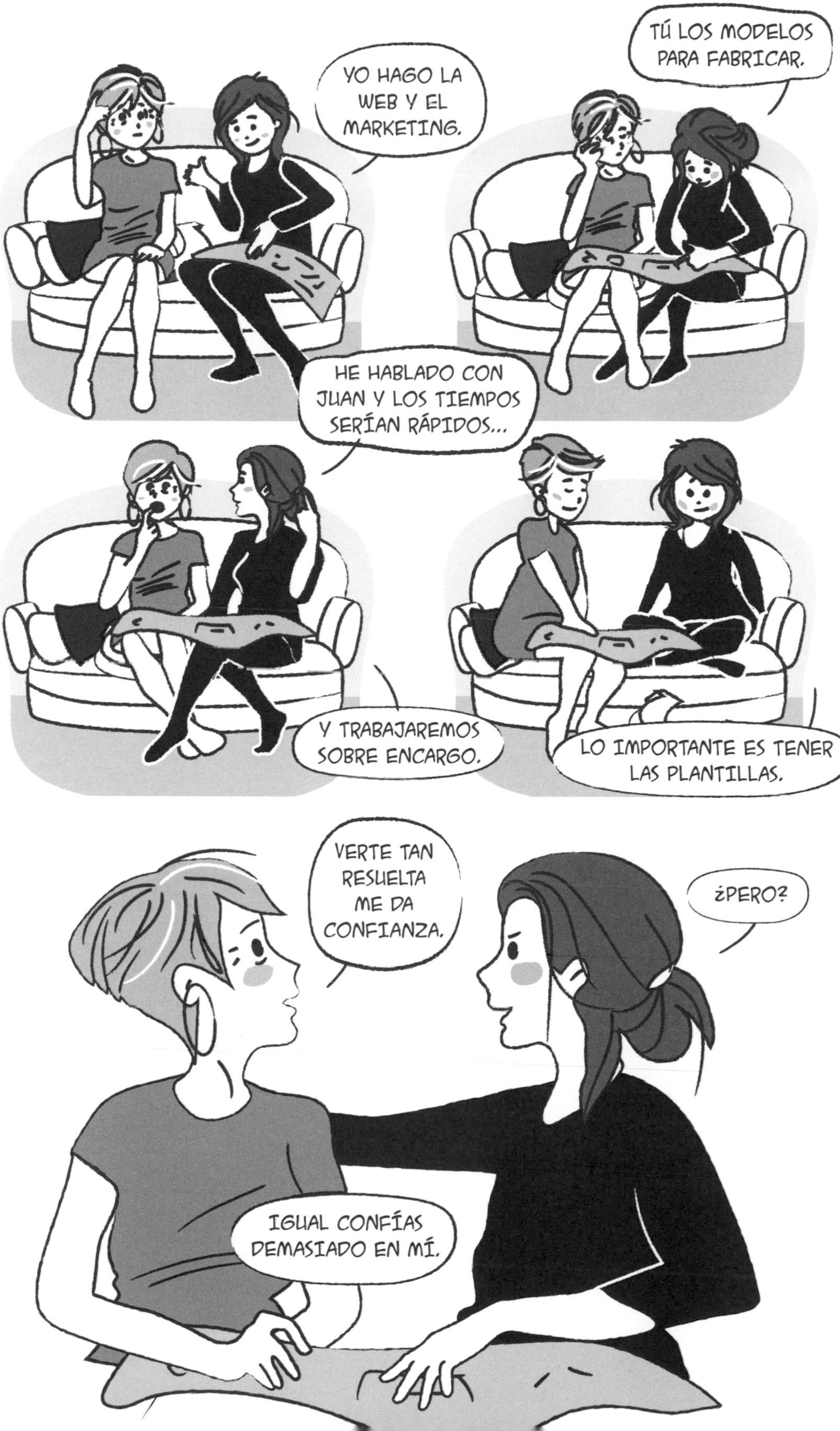
YO HAGO LA WEB Y EL MARKETING.
TÚ LOS MODELOS PARA FABRICAR.
HE HABLADO CON JUAN Y LOS TIEMPOS SERÍAN RÁPIDOS...
Y TRABAJAREMOS SOBRE ENCARGO.
LO IMPORTANTE ES TENER LAS PLANTILLAS.
VERTE TAN RESUELTA ME DA CONFIANZA.
¿PERO?
IGUAL CONFÍAS DEMASIADO EN MÍ.

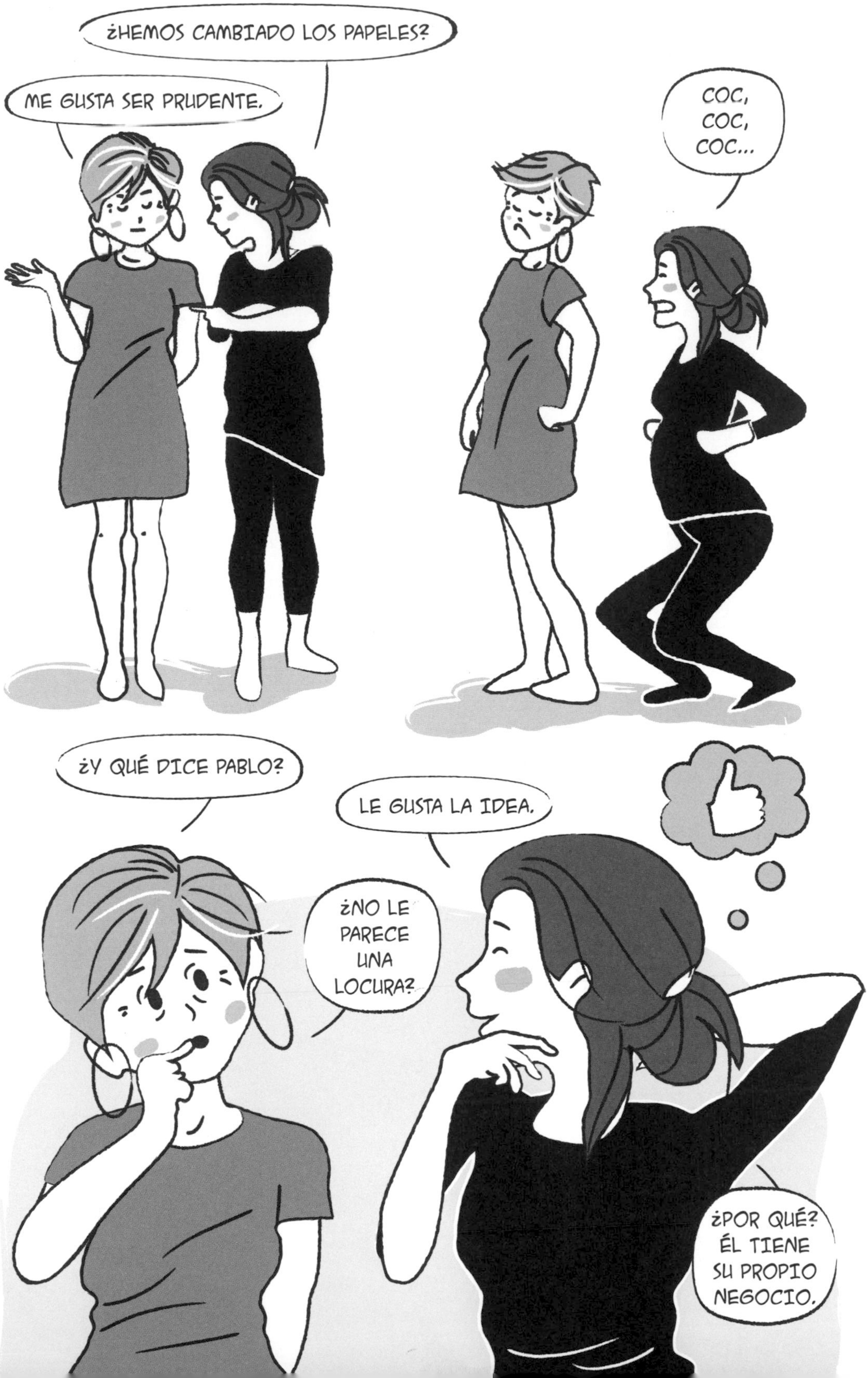

ME GUSTA SER PRUDENTE.
¿HEMOS CAMBIADO LOS PAPELES?
COC, COC, COC...
¿Y QUÉ DICE PABLO?
LE GUSTA LA IDEA.
¿NO LE PARECE UNA LOCURA?
¿POR QUÉ? ÉL TIENE SU PROPIO NEGOCIO.

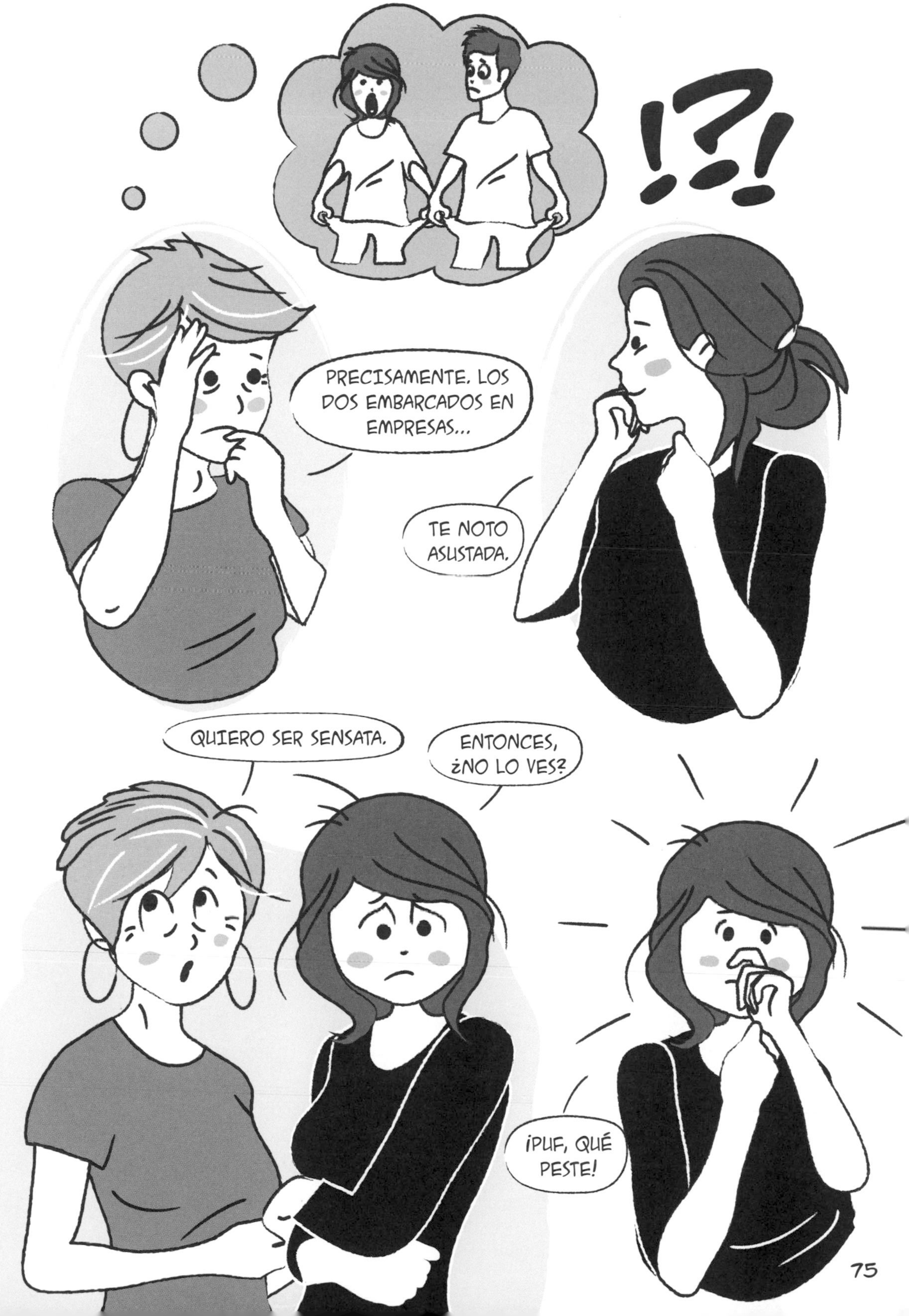
!?!
PRECISAMENTE. LOS DOS EMBARCADOS EN EMPRESAS...
TE NOTO ASUSTADA.
QUIERO SER SENSATA.
ENTONCES, ¿NO LO VES?
¡PUF, QUÉ PESTE!

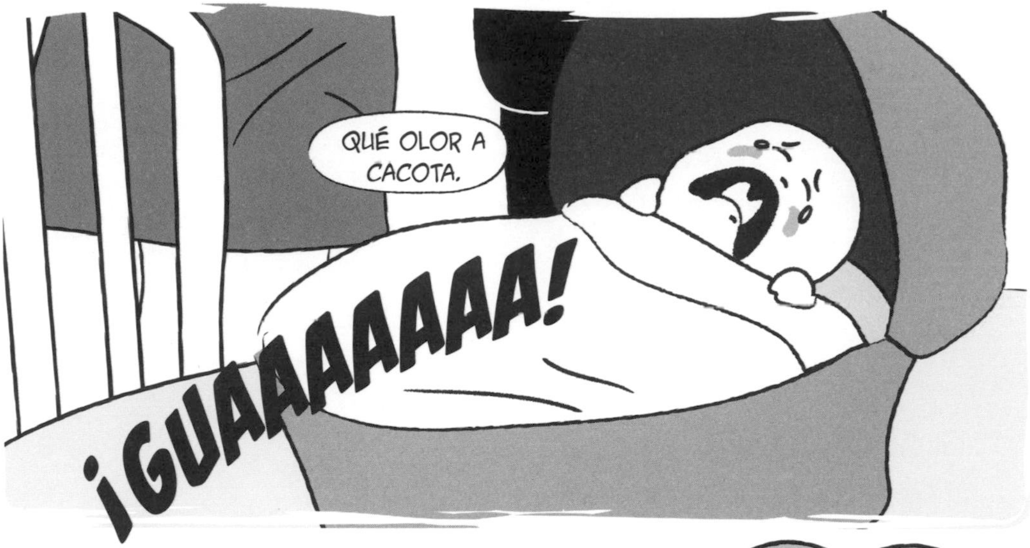
QUÉ OLOR A CACOTA.
¡GUAAAAAAAA!

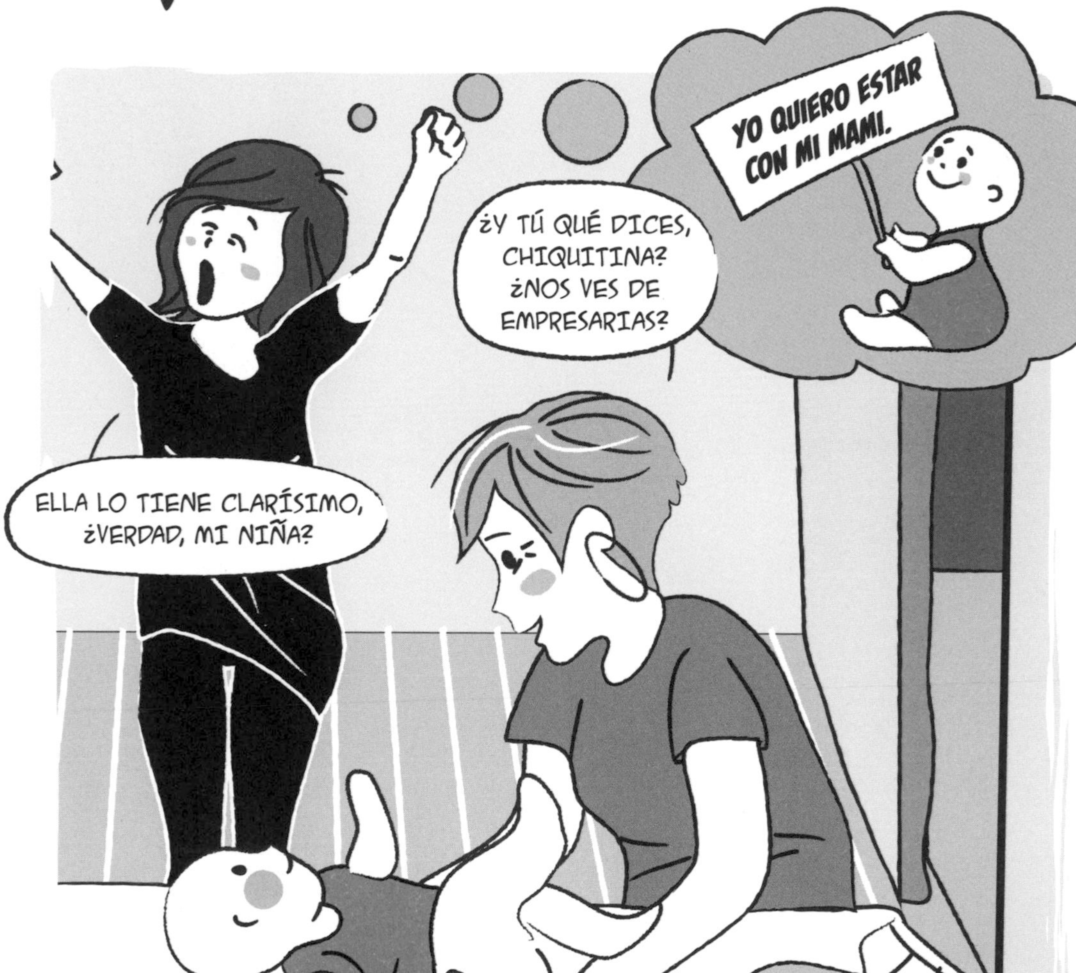
YO QUIERO ESTAR CON MI MAMI.
¿Y TÚ QUÉ DICES, CHIQUITINA? ¿NOS VES DE EMPRESARIAS?
ELLA LO TIENE CLARÍSIMO, ¿VERDAD, MI NIÑA?

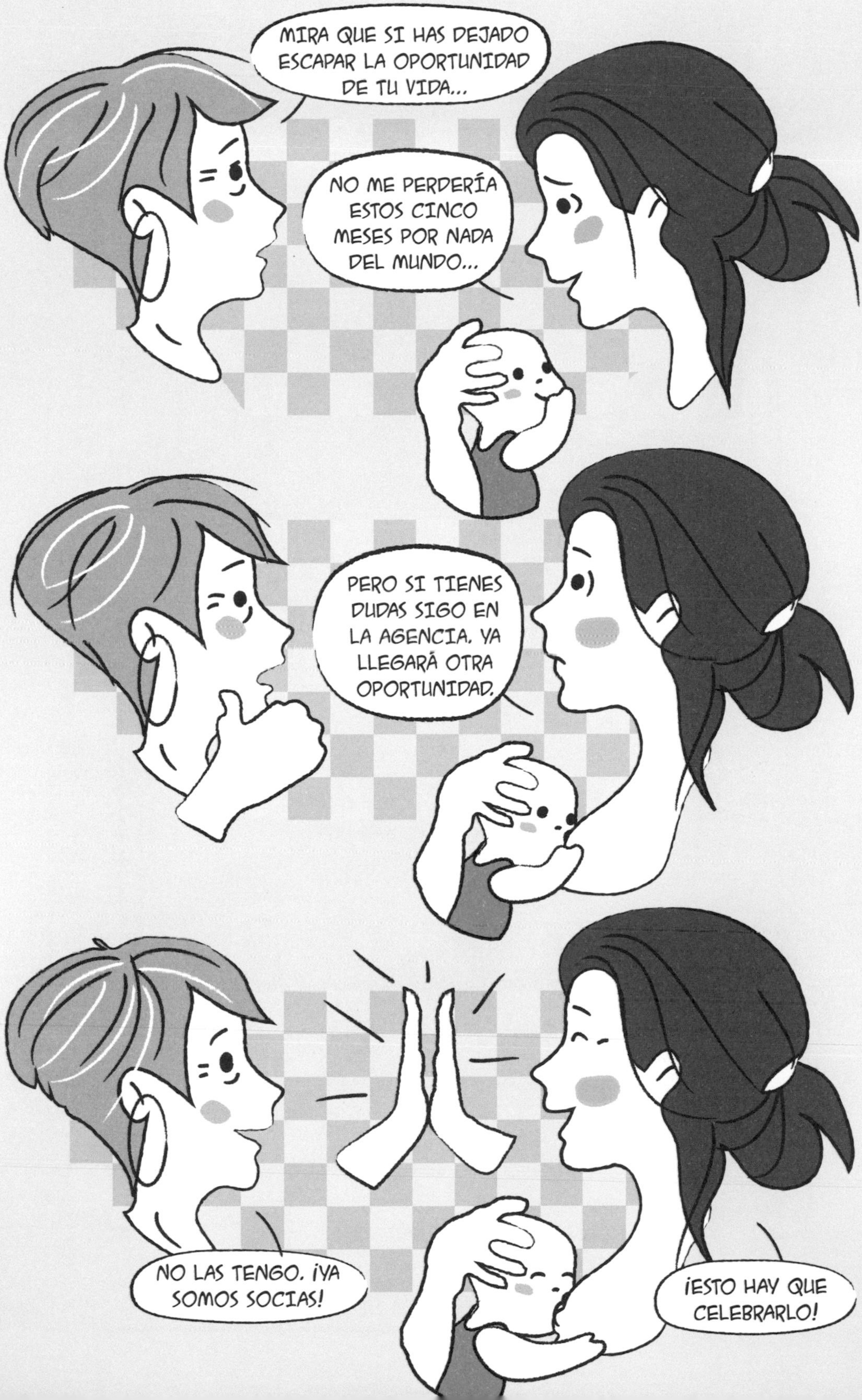
MIRA QUE SI HAS DEJADO ESCAPAR LA OPORTUNIDAD DE TU VIDA...
NO ME PERDERÍA ESTOS CINCO MESES POR NADA DEL MUNDO...
PERO SI TIENES DUDAS SIGO EN LA AGENCIA. YA LLEGARÁ OTRA OPORTUNIDAD.
NO LAS TENGO. ¡YA SOMOS SOCIAS!
¡ESTO HAY QUE CELEBRARLO!

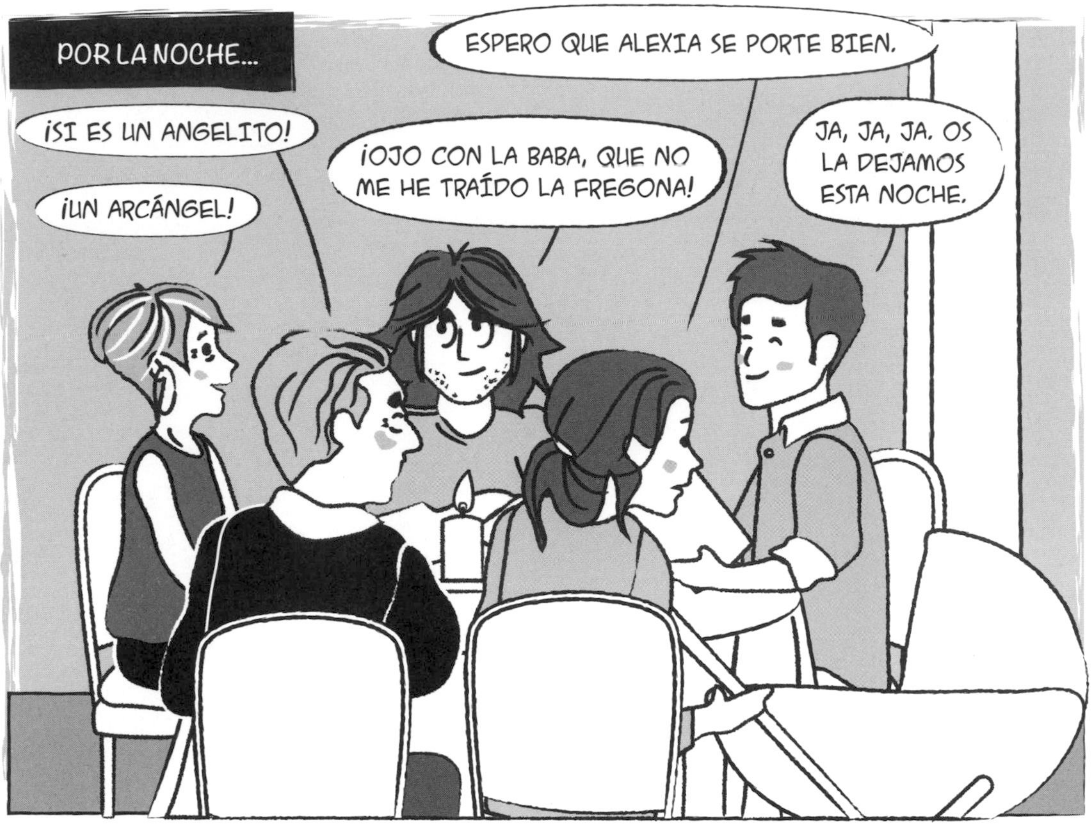
POR LA NOCHE...
¡SI ES UN ANGELITO!
¡UN ARCÁNGEL!
¡OJO CON LA BABA, QUE NO ME HE TRAÍDO LA FREGONA!
ESPERO QUE ALEXIA SE PORTE BIEN.
JA, JA, JA. OS LA DEJAMOS ESTA NOCHE.

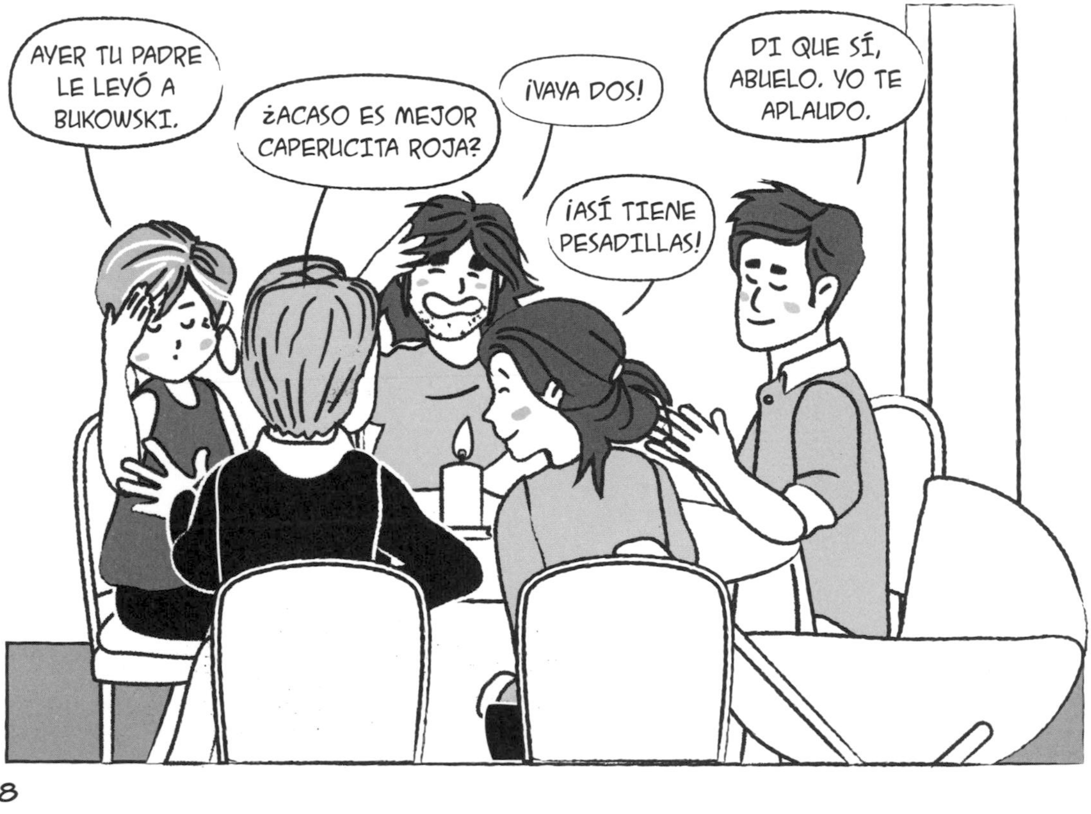
AYER TU PADRE LE LEYÓ A BUKOWSKI.
¿ACASO ES MEJOR CAPERUCITA ROJA?
¡VAYA DOS!
¡ASÍ TIENE PESADILLAS!
DI QUE SÍ, ABUELO. YO TE APLAUDO.

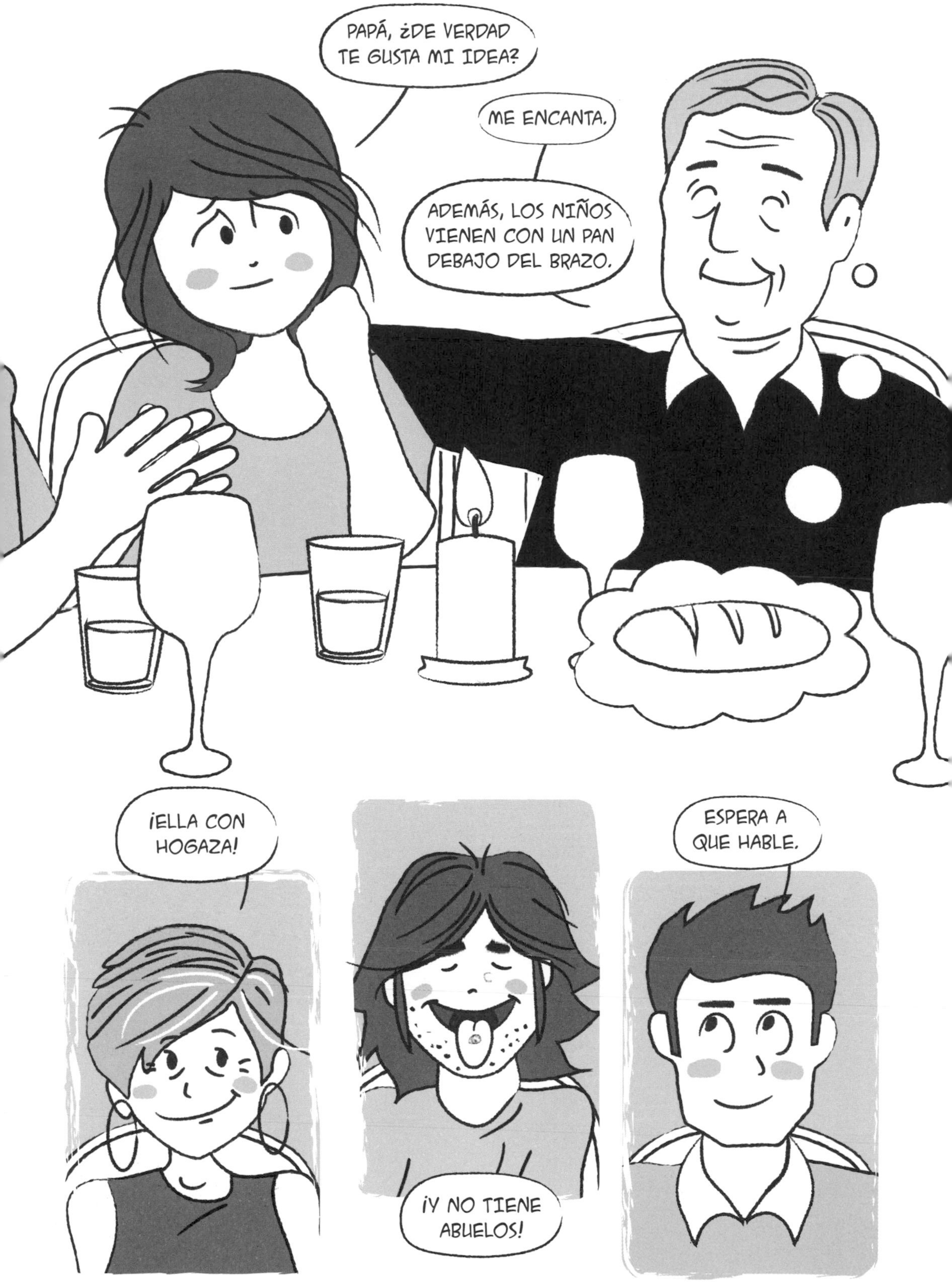
PAPÁ, ¿DE VERDAD TE GUSTA MI IDEA?
ME ENCANTA.
ADEMÁS, LOS NIÑOS VIENEN CON UN PAN DEBAJO DEL BRAZO.
¡ELLA CON HOGAZA!
¡Y NO TIENE ABUELOS!
ESPERA A QUE HABLE.

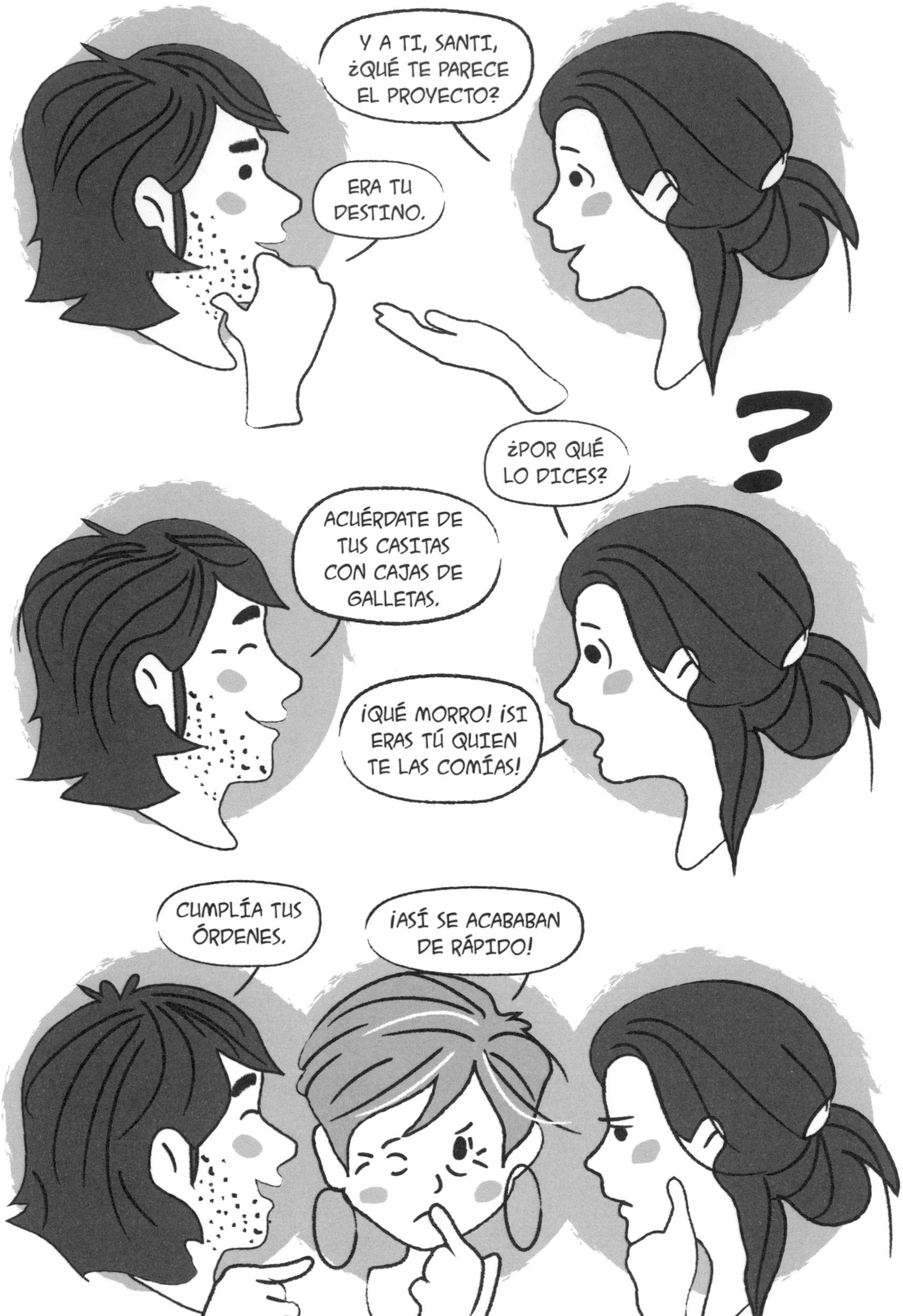
Y A TI, SANTI, ¿QUÉ TE PARECE EL PROYECTO?
ERA TU DESTINO.
¿POR QUÉ LO DICES?
ACUÉRDATE DE TUS CASITAS CON CAJAS DE GALLETAS.
¡QUÉ MORRO! ¡SI ERAS TÚ QUIEN TE LAS COMÍAS!
CUMPLÍA TUS ÓRDENES.
¡ASÍ SE ACABABAN DE RÁPIDO!

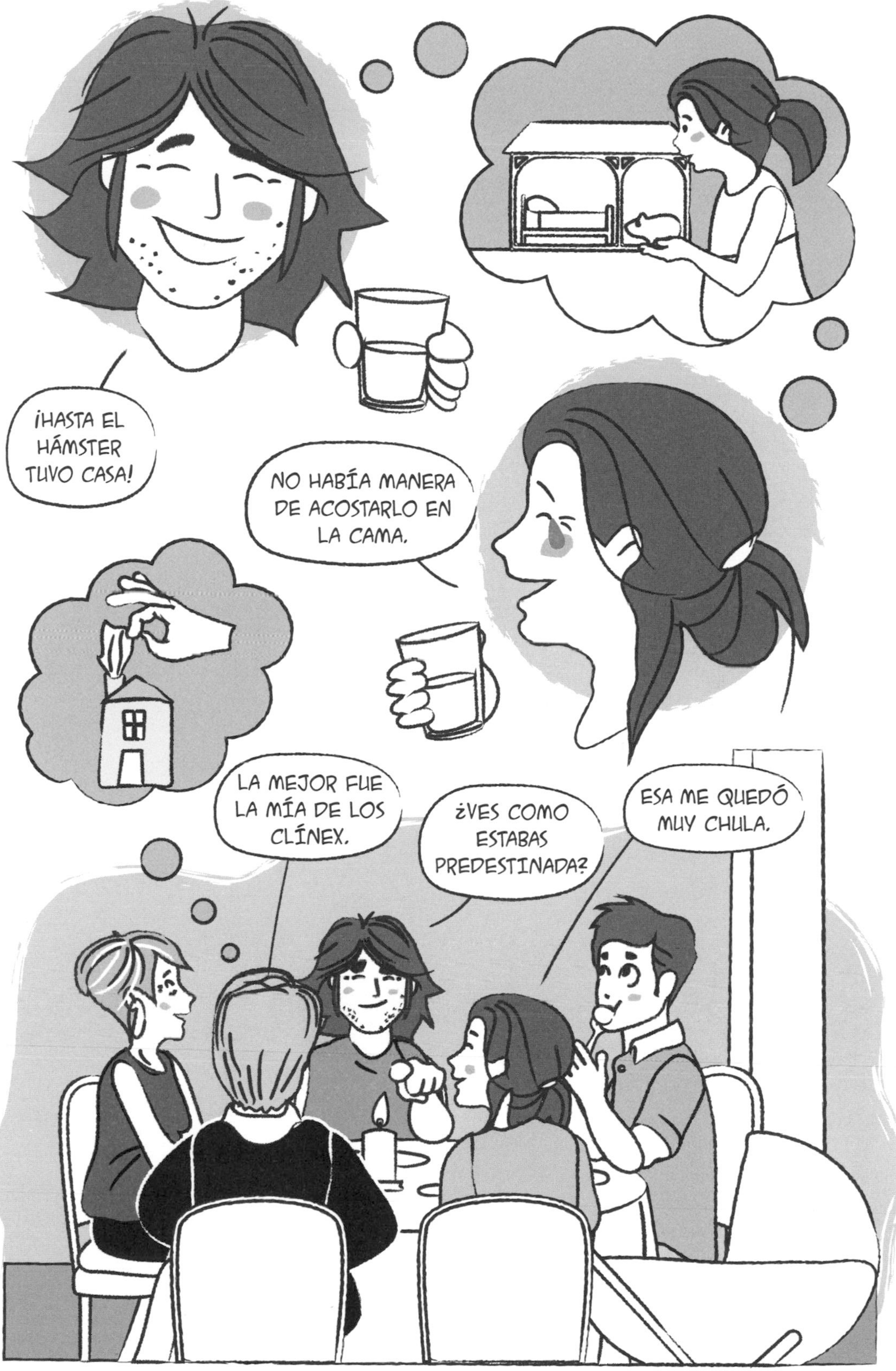
¡HASTA EL HÁMSTER TUVO CASA!
NO HABÍA MANERA DE ACOSTARLO EN LA CAMA.
LA MEJOR FUE LA MÍA DE LOS CLÍNEX.
¿VES COMO ESTABAS PREDESTINADA?
ESA ME QUEDÓ MUY CHULA.

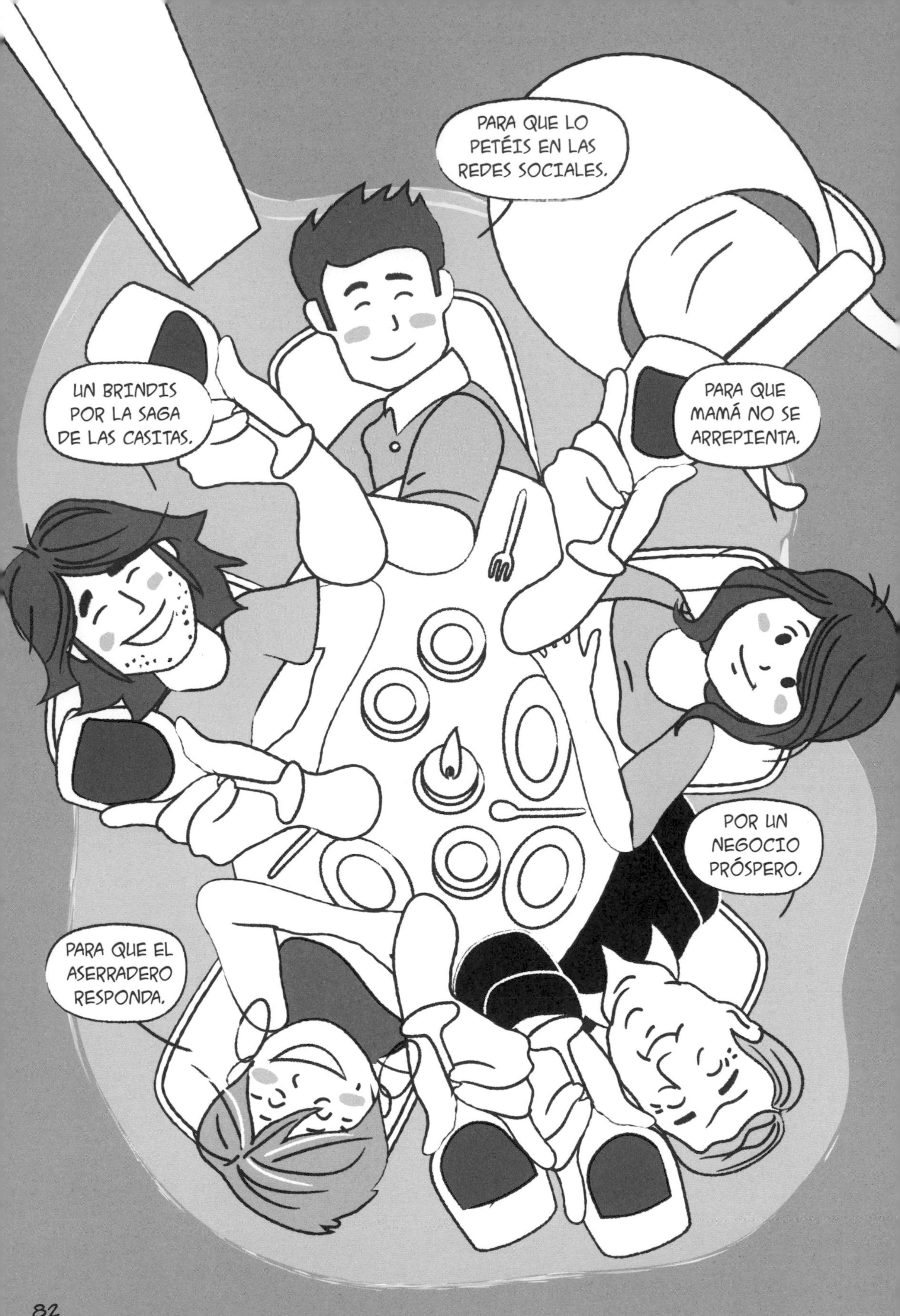
PARA QUE LO PETÉIS EN LAS REDES SOCIALES.
UN BRINDIS POR LA SAGA DE LAS CASITAS.
PARA QUE MAMÁ NO SE ARREPIENTA.
POR UN NEGOCIO PRÓSPERO.
PARA QUE EL ASERRADERO RESPONDA.

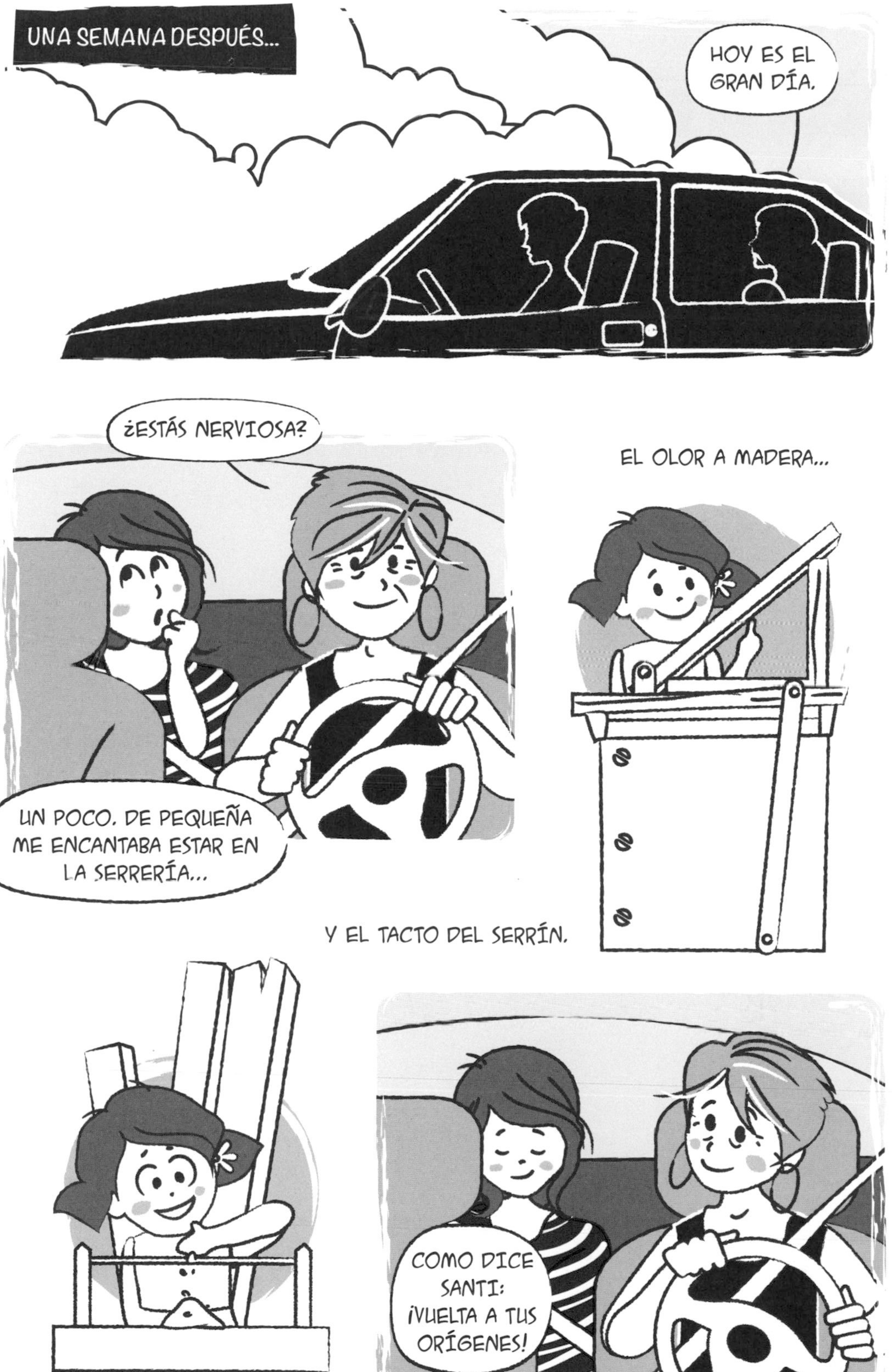
UNA SEMANA DESPUÉS...
HOY ES EL GRAN DÍA.
¿ESTÁS NERVIOSA?
UN POCO. DE PEQUEÑA ME ENCANTABA ESTAR EN LA SERRERÍA...
EL OLOR A MADERA...
Y EL TACTO DEL SERRÍN.
COMO DICE SANTI: ¡VUELTA A TUS ORÍGENES!

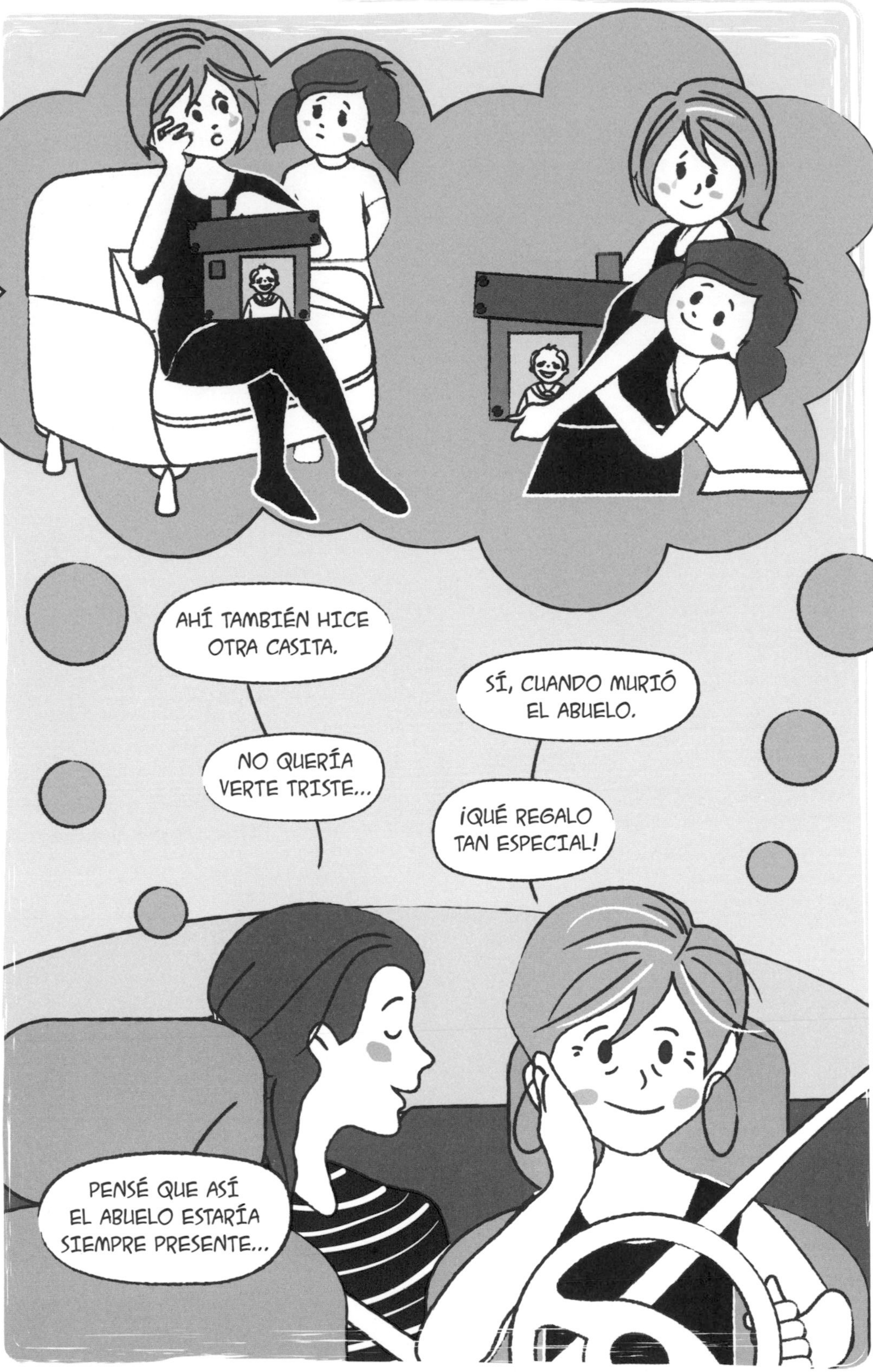
AHÍ TAMBIÉN HICE OTRA CASITA.
SÍ, CUANDO MURIÓ EL ABUELO.
NO QUERÍA VERTE TRISTE...
¡QUÉ REGALO TAN ESPECIAL!
PENSÉ QUE ASÍ EL ABUELO ESTARÍA SIEMPRE PRESENTE...

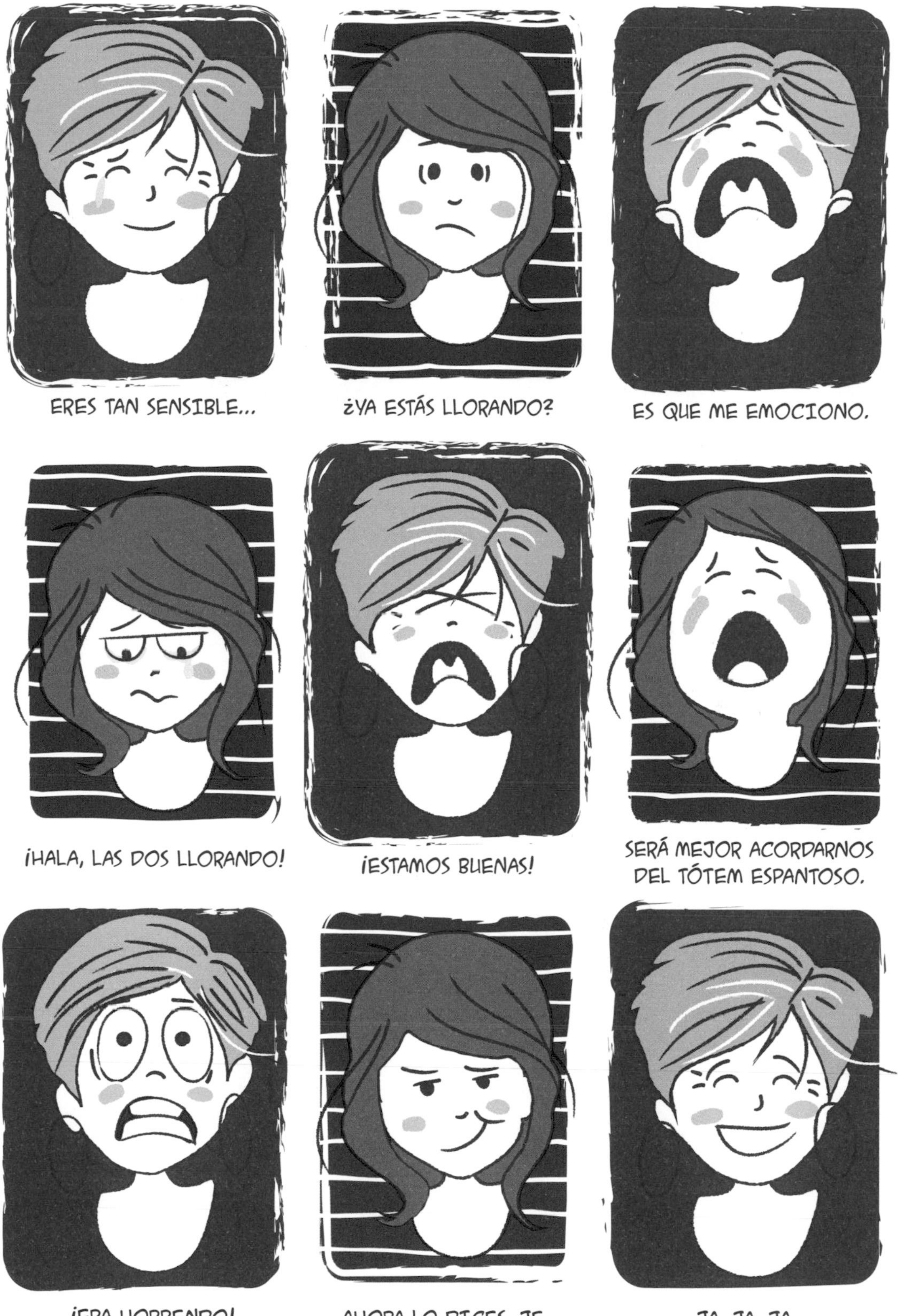
ERES TAN SENSIBLE...
¿YA ESTÁS LLORANDO?
ES QUE ME EMOCIONO.
¡HALA, LAS DOS LLORANDO!
¡ESTAMOS BUENAS!
SERÁ MEJOR ACORDARNOS DEL TÓTEM ESPANTOSO.
¡ERA HORRENDO!
AHORA LO DICES. JE.
JA, JA, JA.

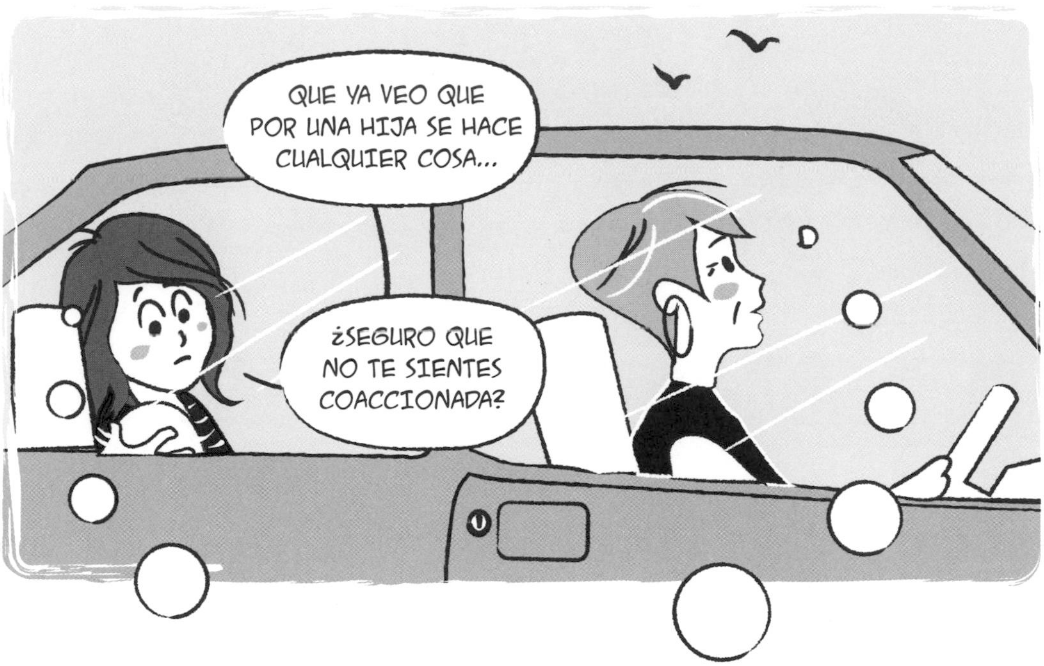
QUE YA VEO QUE POR UNA HIJA SE HACE CUALQUIER COSA...
¿SEGURO QUE NO TE SIENTES COACCIONADA?

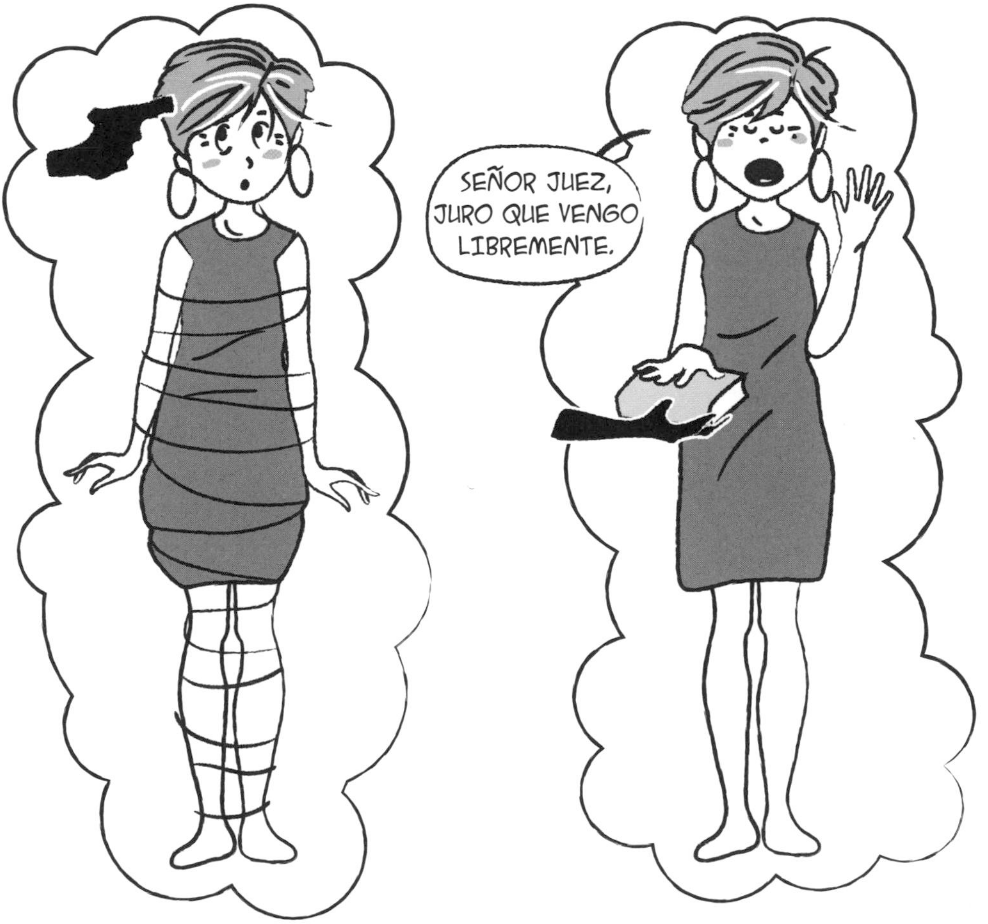
SEÑOR JUEZ, JURO QUE VENGO LIBREMENTE.

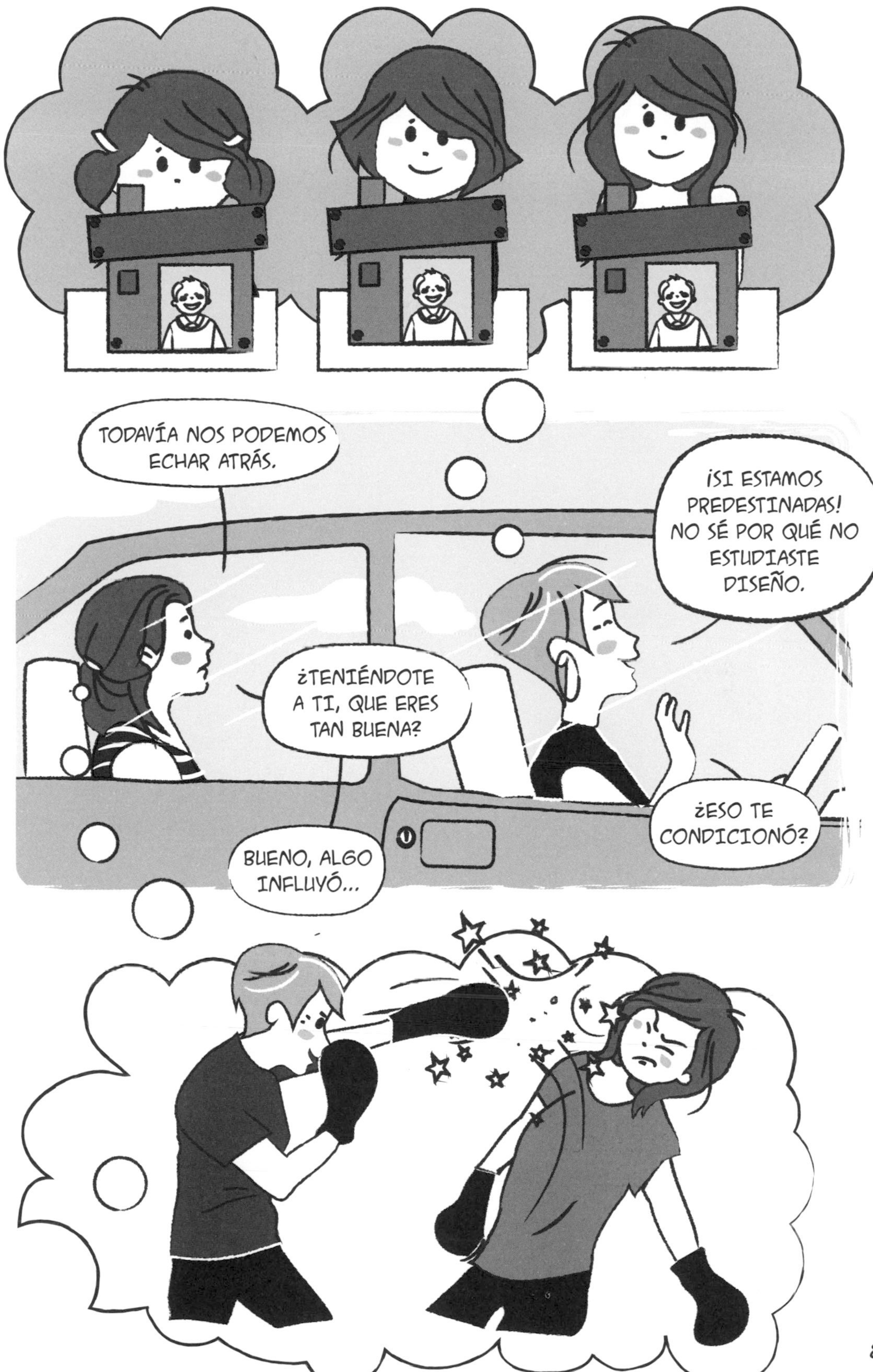
TODAVÍA NOS PODEMOS ECHAR ATRÁS.
¡SI ESTAMOS PREDESTINADAS! NO SÉ POR QUÉ NO ESTUDIASTE DISEÑO.
¿TENIÉNDOTE A TI, QUE ERES TAN BUENA?
¿ESO TE CONDICIONÓ?
BUENO, ALGO INFLUYÓ...

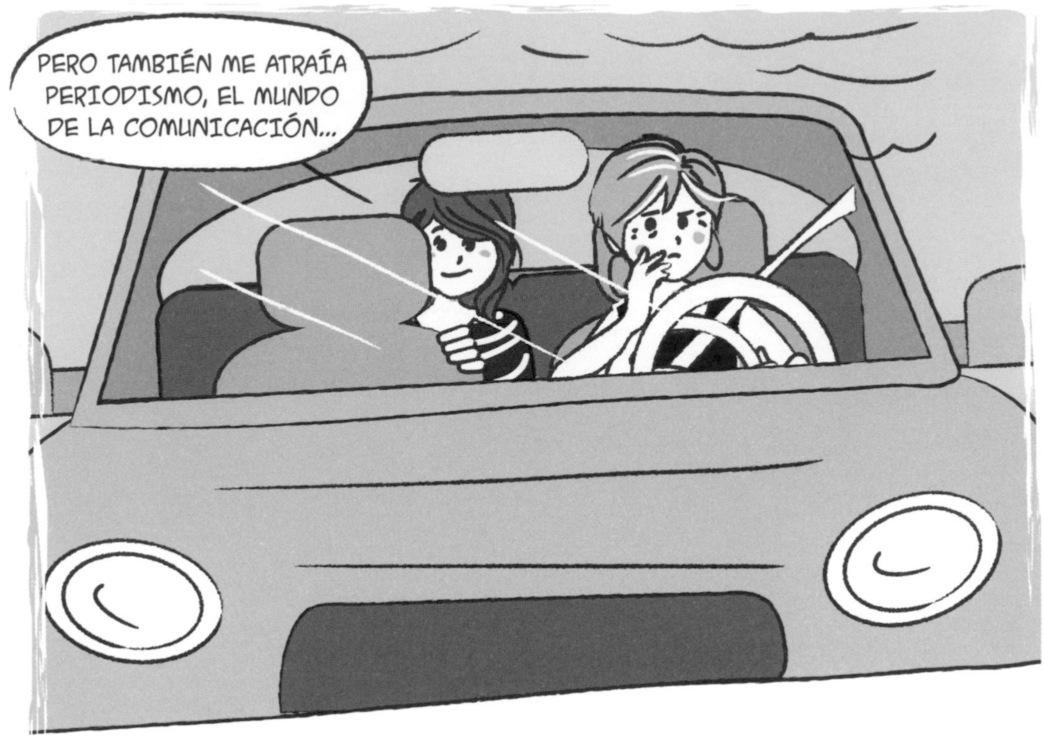
PERO TAMBIÉN ME ATRAÍA PERIODISMO, EL MUNDO DE LA COMUNICACIÓN...

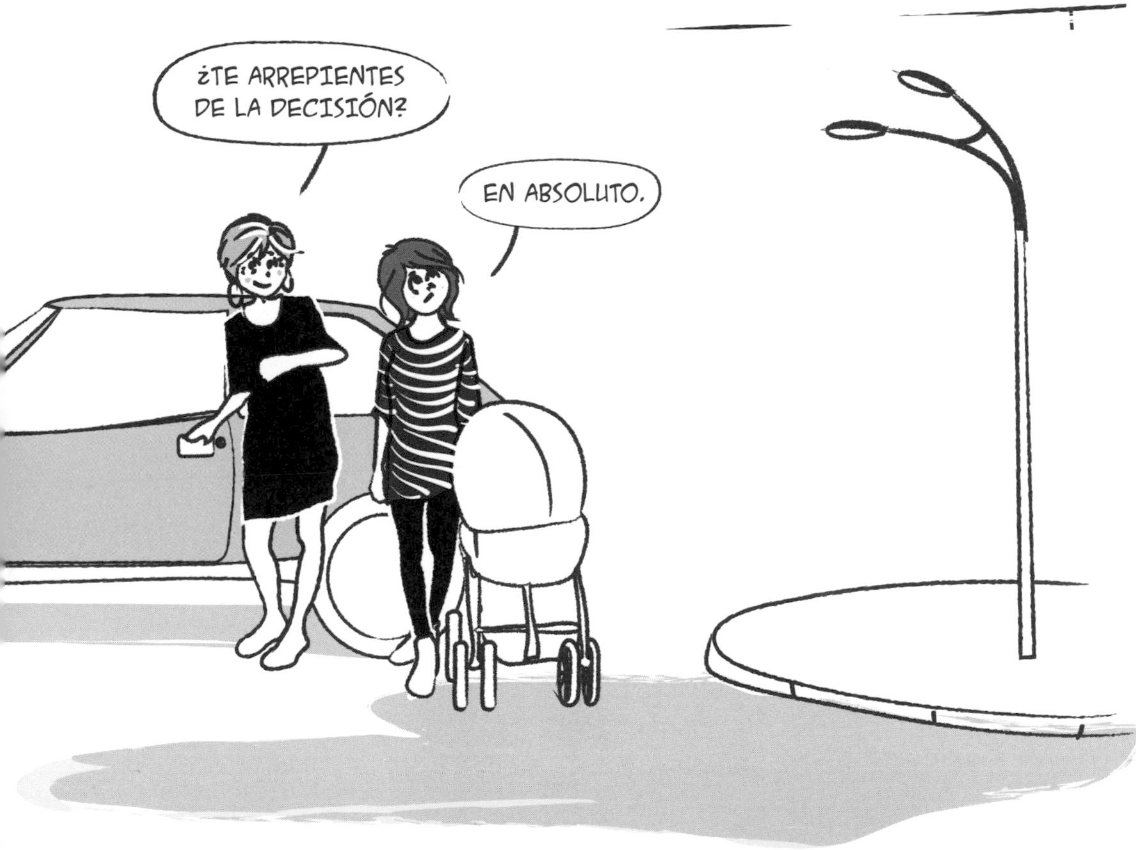
¿TE ARREPIENTES DE LA DECISIÓN?
EN ABSOLUTO.

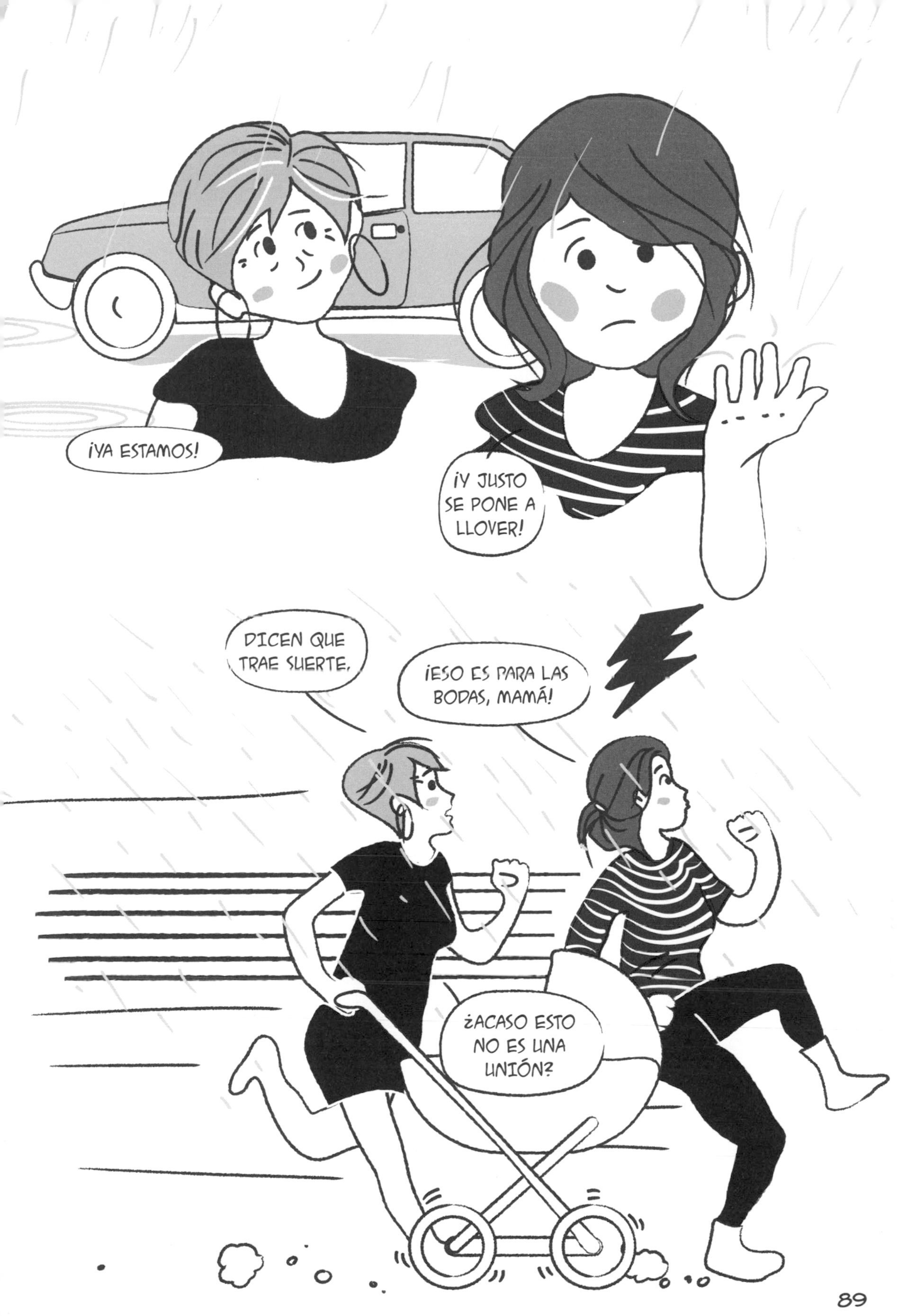
¡YA ESTAMOS!
¡Y JUSTO SE PONE A LLOVER!
DICEN QUE TRAE SUERTE.
¡ESO ES PARA LAS BODAS, MAMÁ!
¿ACASO ESTO NO ES UNA UNIÓN?

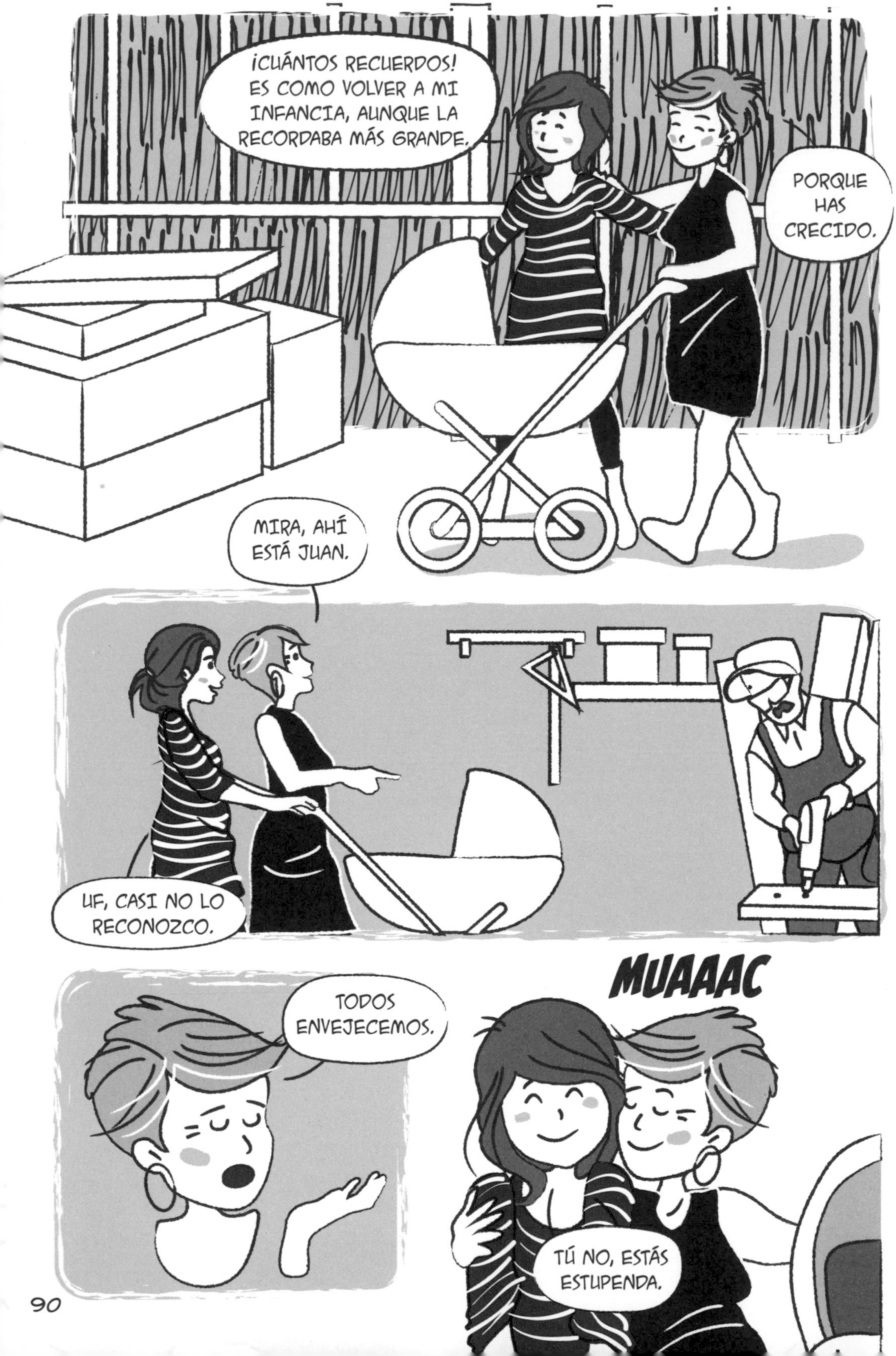
¡CUÁNTOS RECUERDOS! ES COMO VOLVER A MI INFANCIA, AUNQUE LA RECORDABA MÁS GRANDE.
PORQUE HAS CRECIDO.
MIRA, AHÍ ESTÁ JUAN.
UF, CASI NO LO RECONOZCO.
TODOS ENVEJECEMOS.
MUAAAC
TÚ NO, ESTÁS ESTUPENDA.

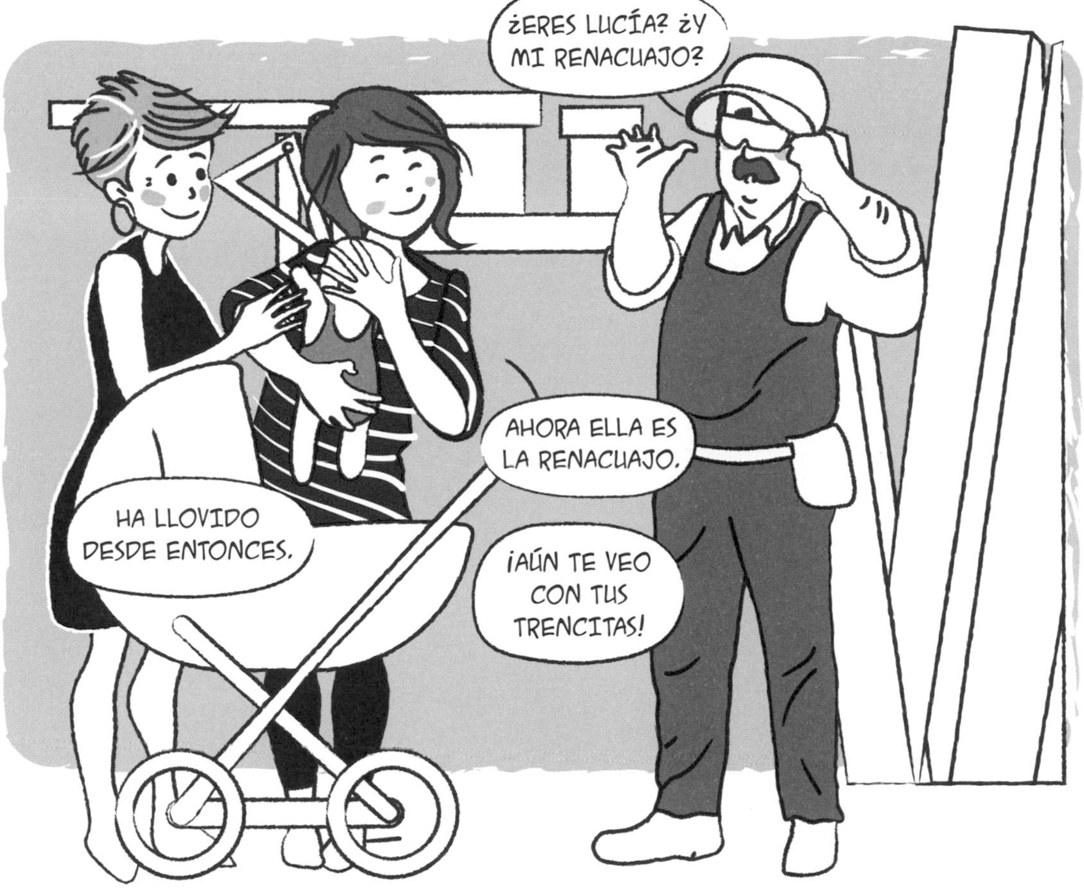
¿ERES LUCÍA? ¿Y MI RENACUAJO?
AHORA ELLA ES LA RENACUAJO.
HA LLOVIDO DESDE ENTONCES.
¡AÚN TE VEO CON TUS TRENCITAS!

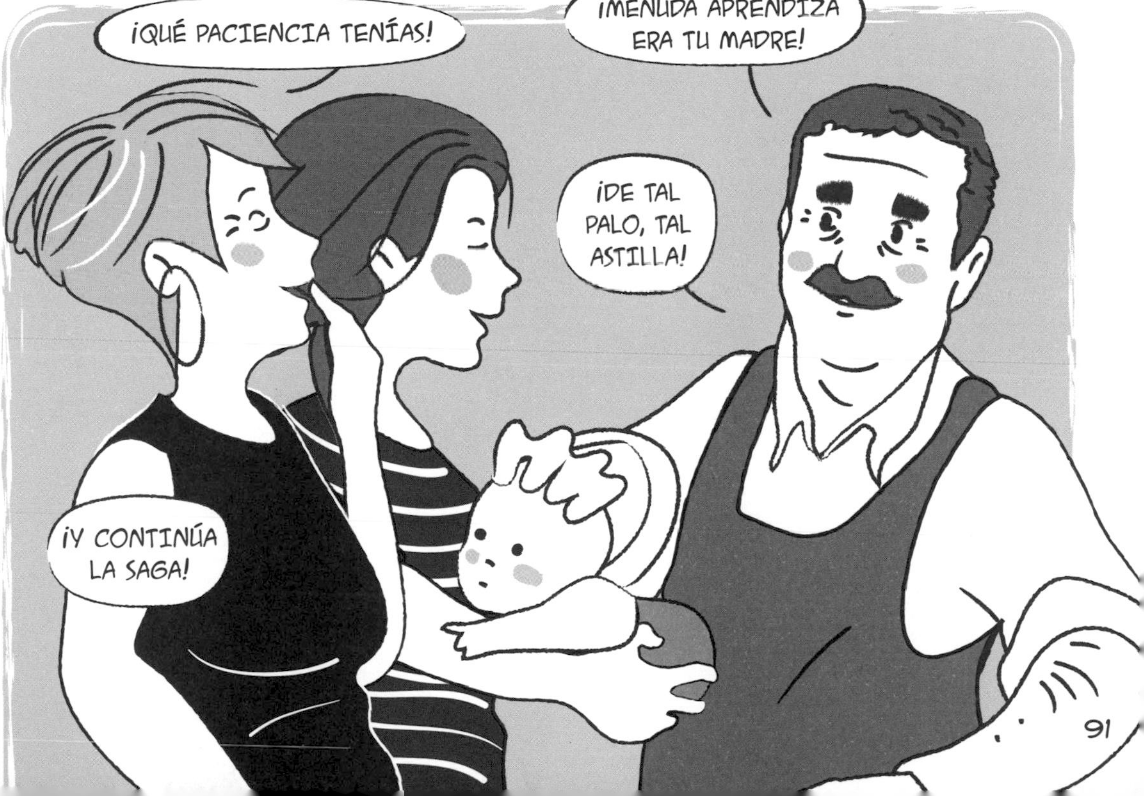
¡QUÉ PACIENCIA TENÍAS!
¡MENUDA APRENDIZA ERA TU MADRE!
¡DE TAL PALO, TAL ASTILLA!
¡Y CONTINÚA LA SAGA!

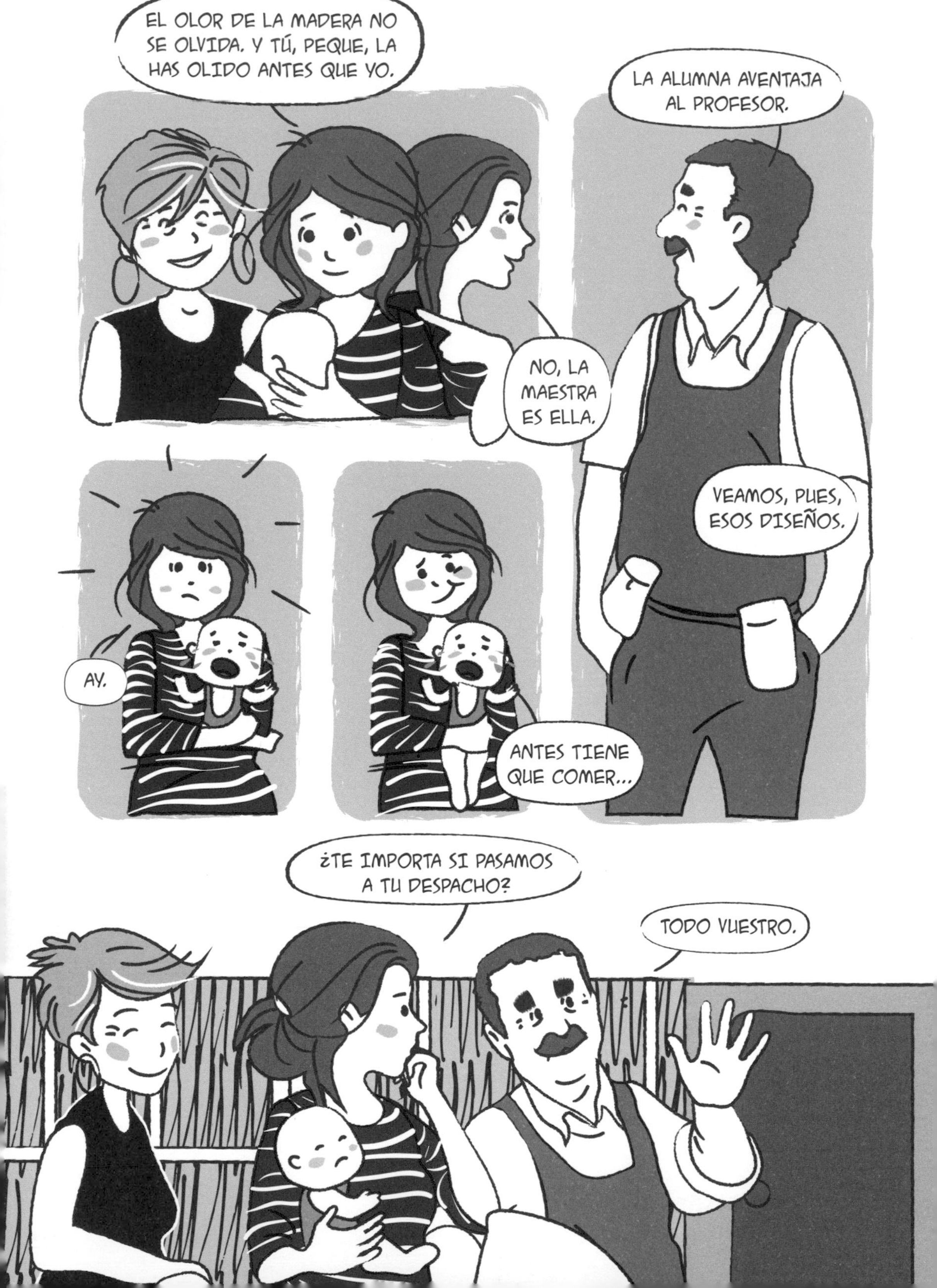
EL OLOR DE LA MADERA NO SE OLVIDA. Y TÚ, PEQUE, LA HAS OLIDO ANTES QUE YO.
LA ALUMNA AVENTAJA AL PROFESOR.
NO, LA MAESTRA ES ELLA.
VEAMOS, PUES, ESOS DISEÑOS.
AY.
ANTES TIENE QUE COMER...
¿TE IMPORTA SI PASAMOS A TU DESPACHO?
TODO VUESTRO.

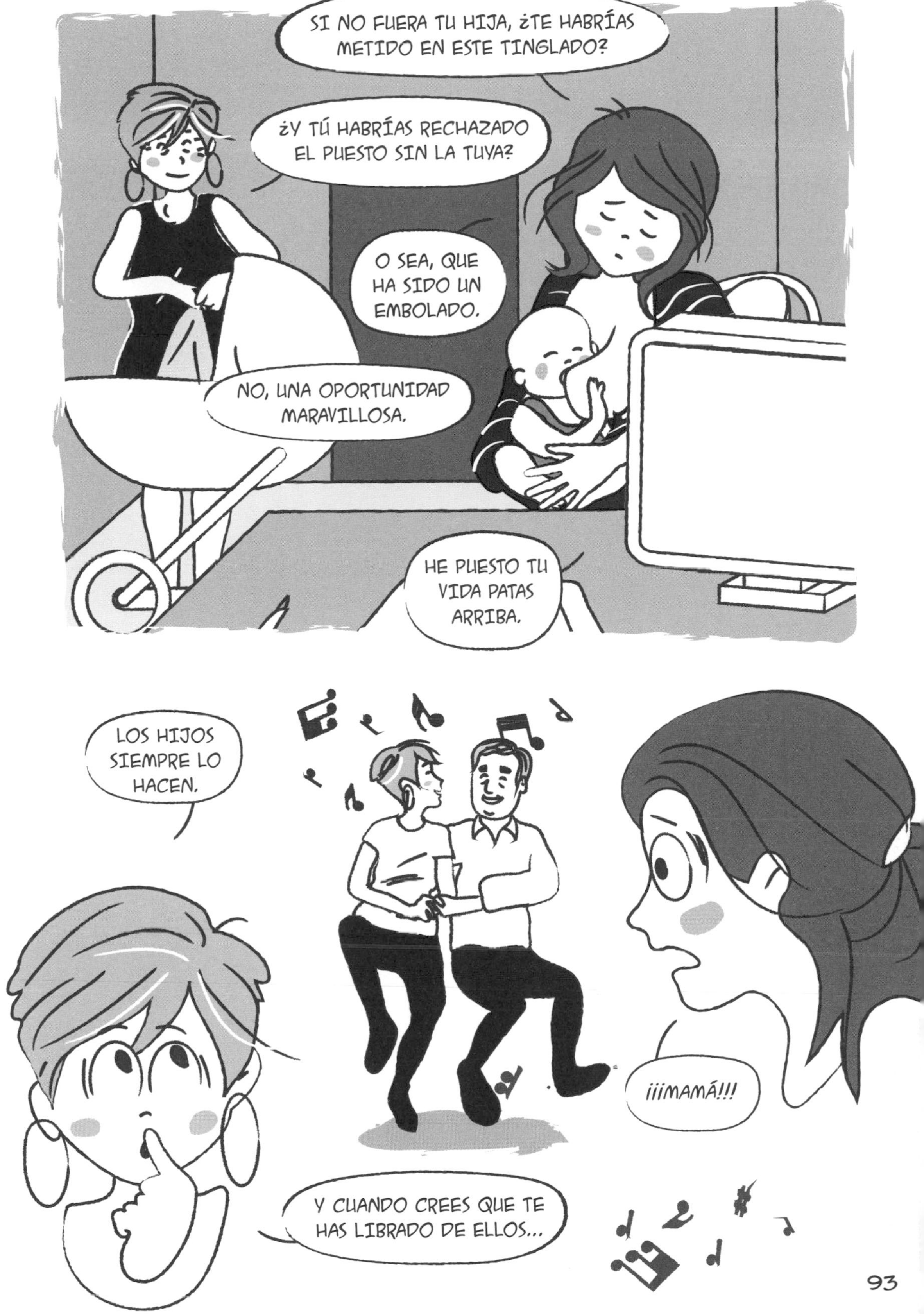
SI NO FUERA TU HIJA, ¿TE HABRÍAS METIDO EN ESTE TINGLADO?
¿Y TÚ HABRÍAS RECHAZADO EL PUESTO SIN LA TUYA?
O SEA, QUE HA SIDO UN EMBOLADO.
NO, UNA OPORTUNIDAD MARAVILLOSA.
HE PUESTO TU VIDA PATAS ARRIBA.
LOS HIJOS SIEMPRE LO HACEN.
Y CUANDO CREES QUE TE HAS LIBRADO DE ELLOS...
¡¡¡MAMÁ!!!

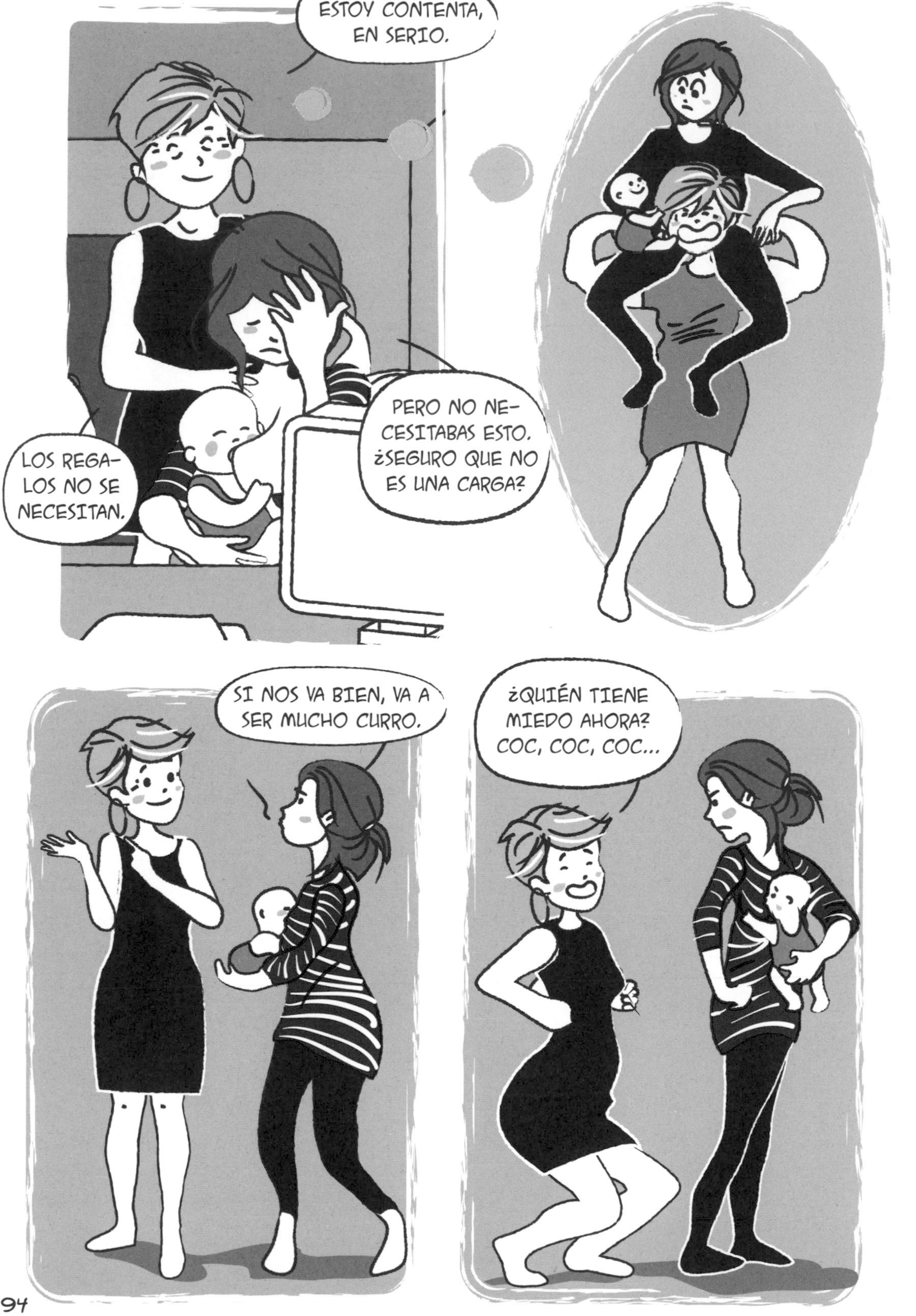
ESTOY CONTENTA, EN SERIO.
LOS REGALOS NO SE NECESITAN.
PERO NO NECESITABAS ESTO. ¿SEGURO QUE NO ES UNA CARGA?
SI NOS VA BIEN, VA A SER MUCHO CURRO.
¿QUIÉN TIENE MIEDO AHORA? COC, COC, COC...

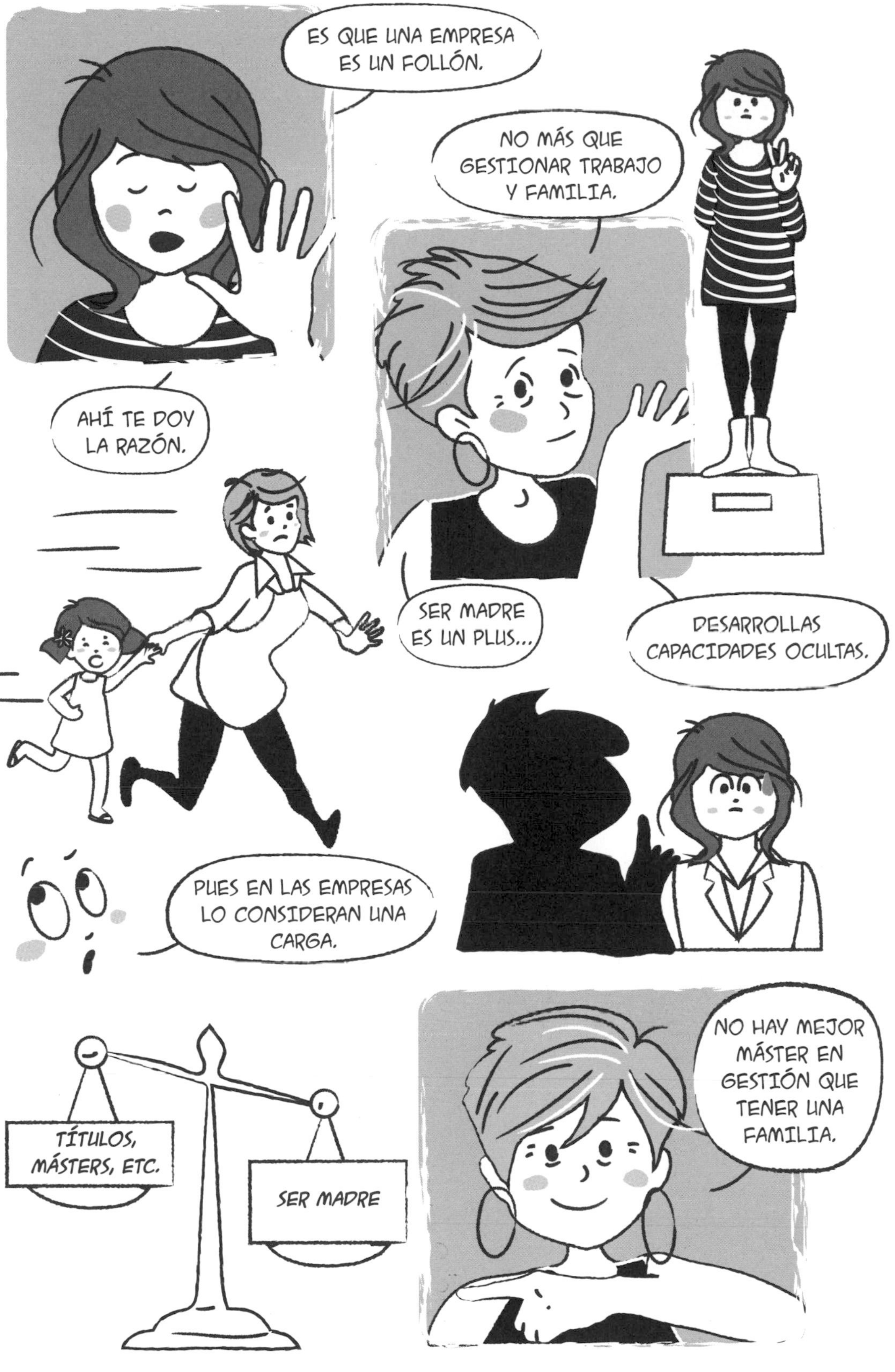
ES QUE UNA EMPRESA ES UN FOLLÓN.
NO MÁS QUE GESTIONAR TRABAJO Y FAMILIA.
AHÍ TE DOY LA RAZÓN.
SER MADRE ES UN PLUS...
DESARROLLAS CAPACIDADES OCULTAS.
PUES EN LAS EMPRESAS LO CONSIDERAN UNA CARGA.
TÍTULOS, MÁSTERS, ETC.
SER MADRE
NO HAY MEJOR MÁSTER EN GESTIÓN QUE TENER UNA FAMILIA.

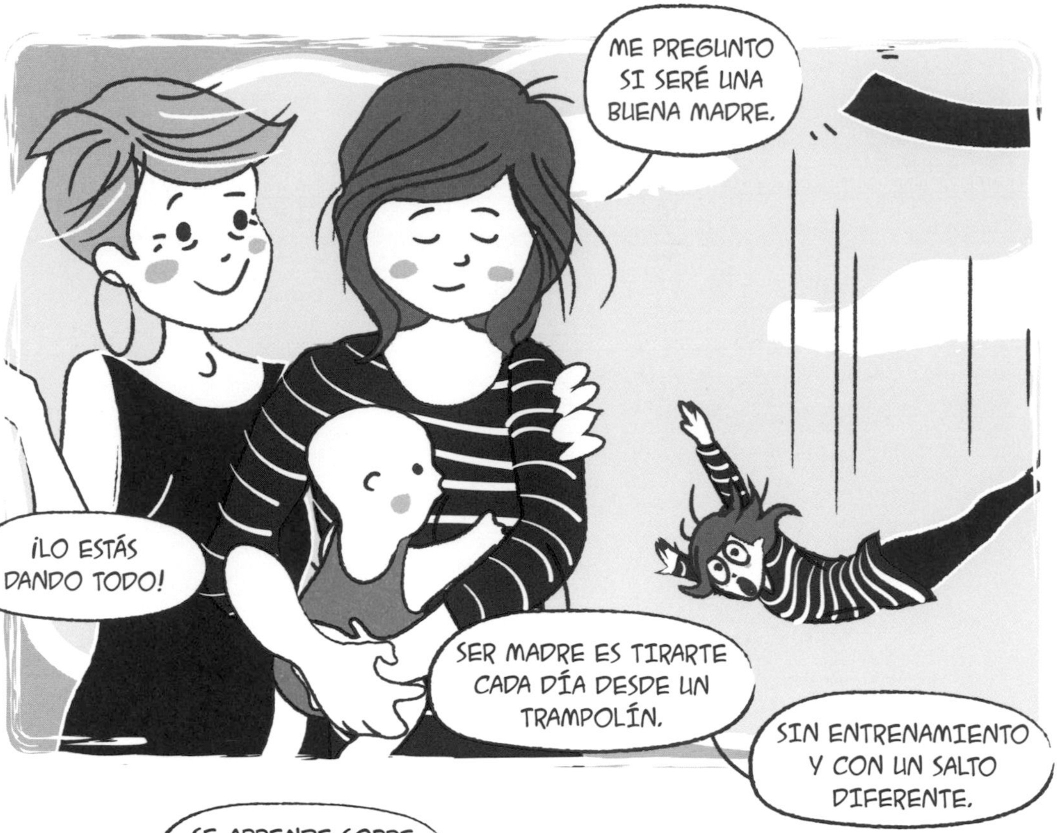
ME PREGUNTO SI SERÉ UNA BUENA MADRE.
¡LO ESTÁS DANDO TODO!
SER MADRE ES TIRARTE CADA DÍA DESDE UN TRAMPOLÍN.
SIN ENTRENAMIENTO Y CON UN SALTO DIFERENTE.

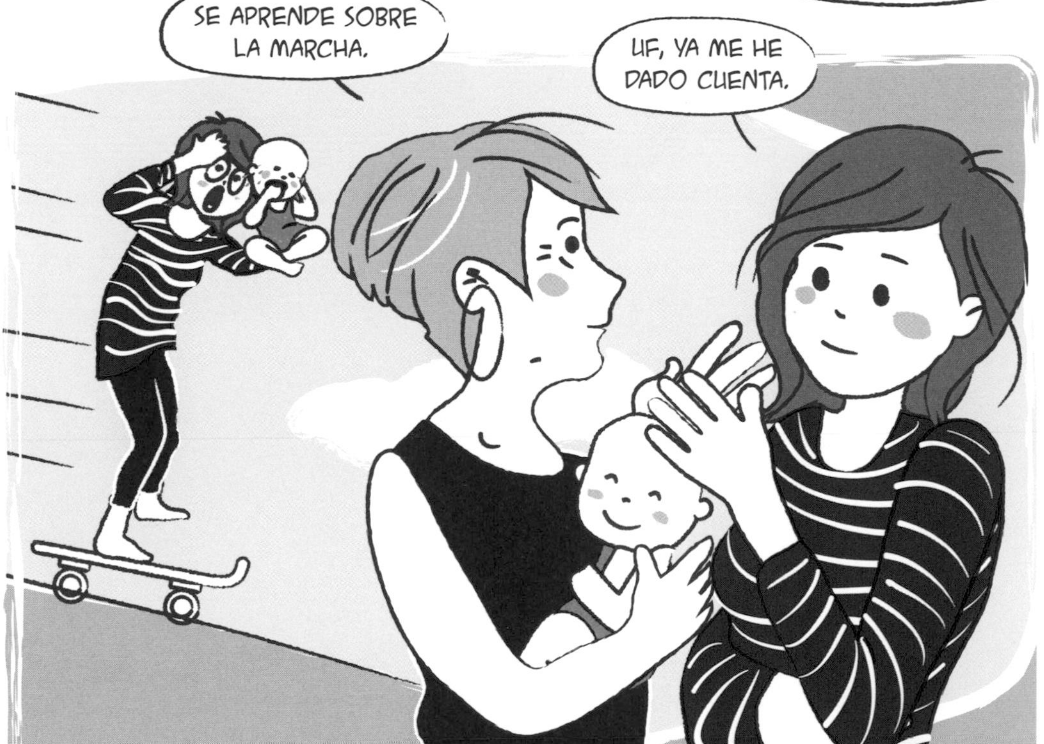
SE APRENDE SOBRE LA MARCHA.
UF, YA ME HE DADO CUENTA.

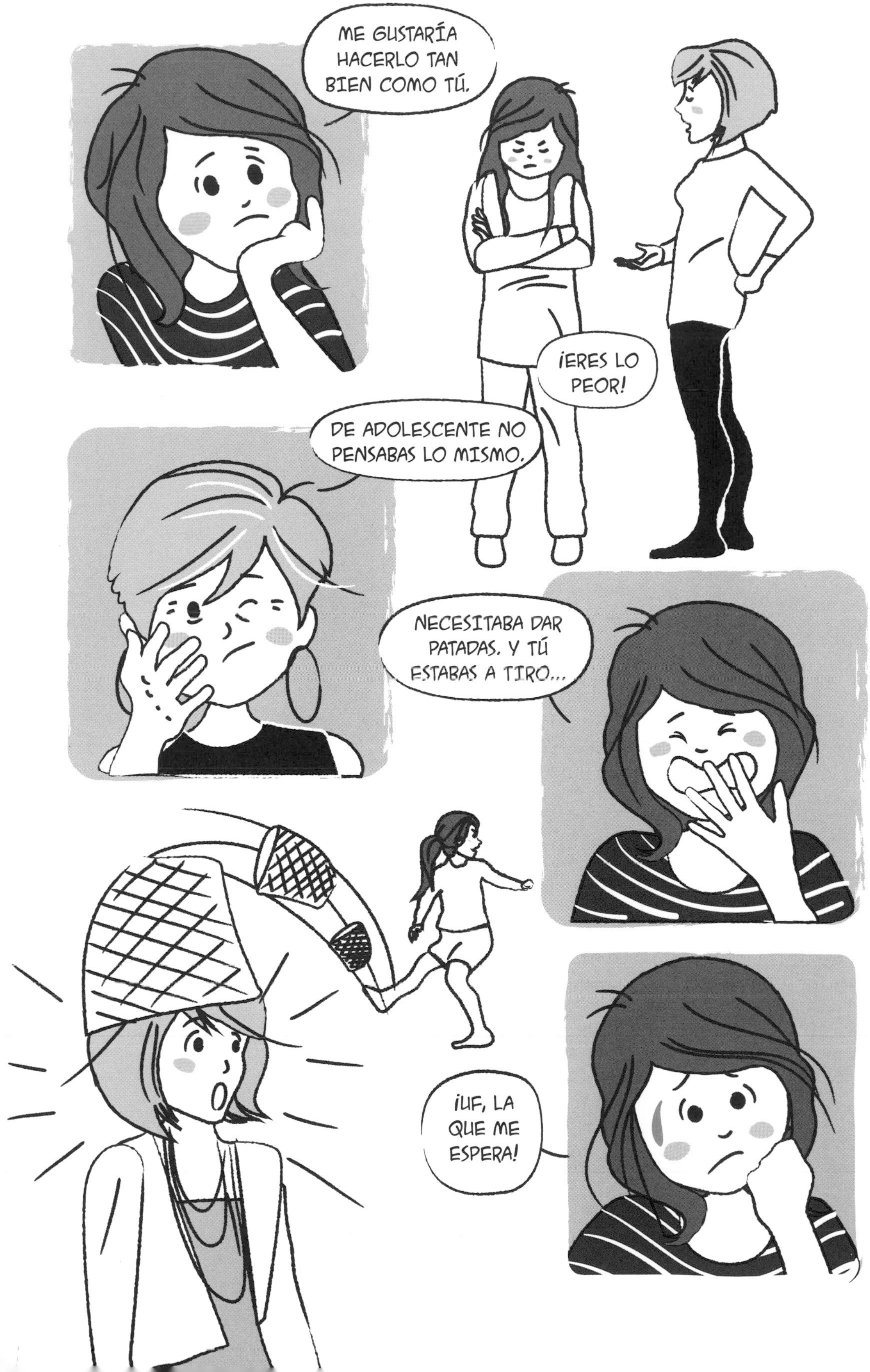
ME GUSTARÍA HACERLO TAN BIEN COMO TÚ.
¡ERES LO PEOR!
DE ADOLESCENTE NO PENSABAS LO MISMO.
NECESITABA DAR PATADAS. Y TÚ ESTABAS A TIRO...
¡UF, LA QUE ME ESPERA!

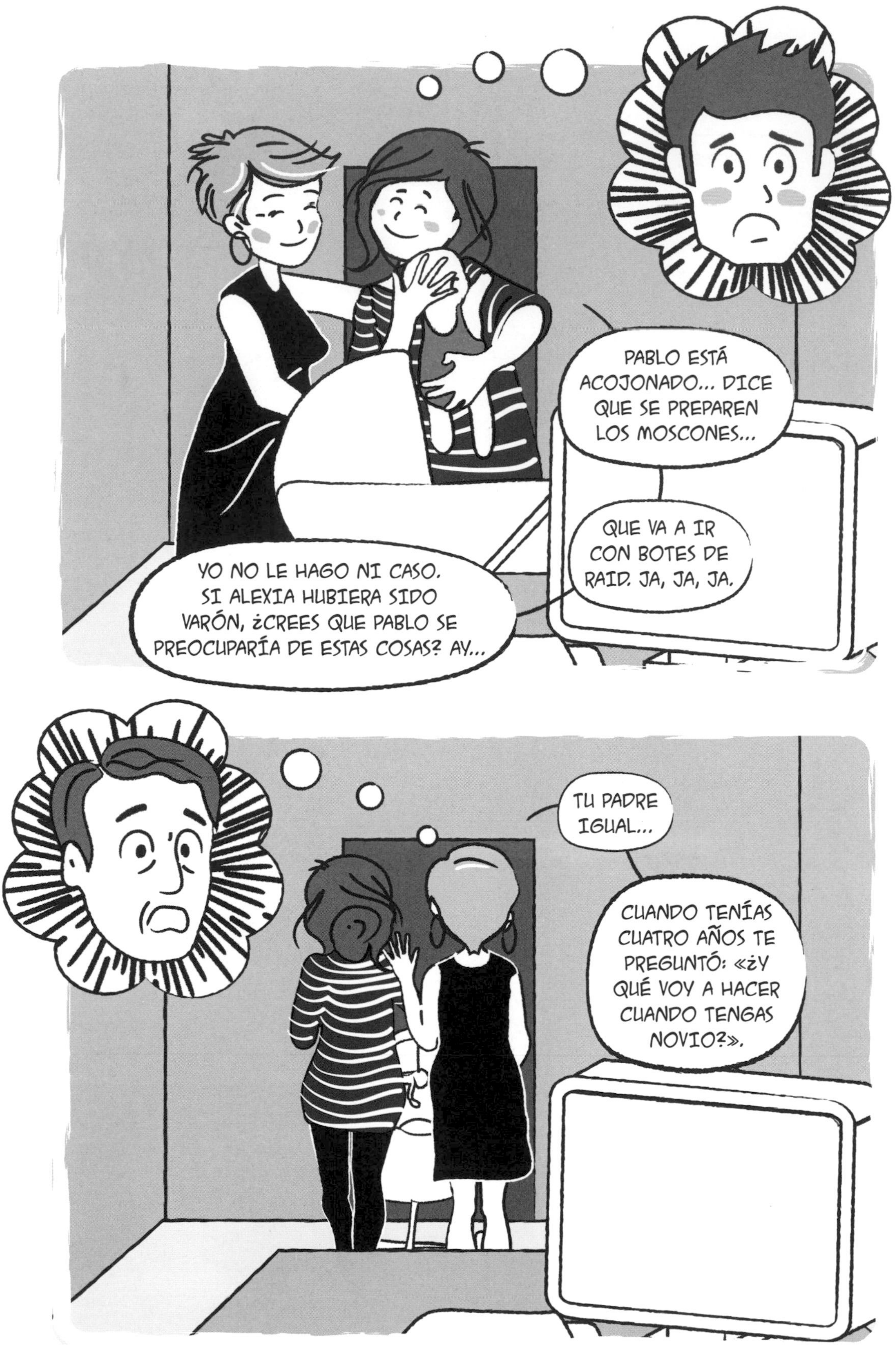
PABLO ESTÁ ACOJONADO... DICE QUE SE PREPAREN LOS MOSCONES...
QUE VA A IR CON BOTES DE RAID. JA, JA, JA.
YO NO LE HAGO NI CASO. SI ALEXIA HUBIERA SIDO VARÓN, ¿CREES QUE PABLO SE PREOCUPARÍA DE ESTAS COSAS? AY...
TU PADRE IGUAL...
CUANDO TENÍAS CUATRO AÑOS TE PREGUNTÓ: «¿Y QUÉ VOY A HACER CUANDO TENGAS NOVIO?».

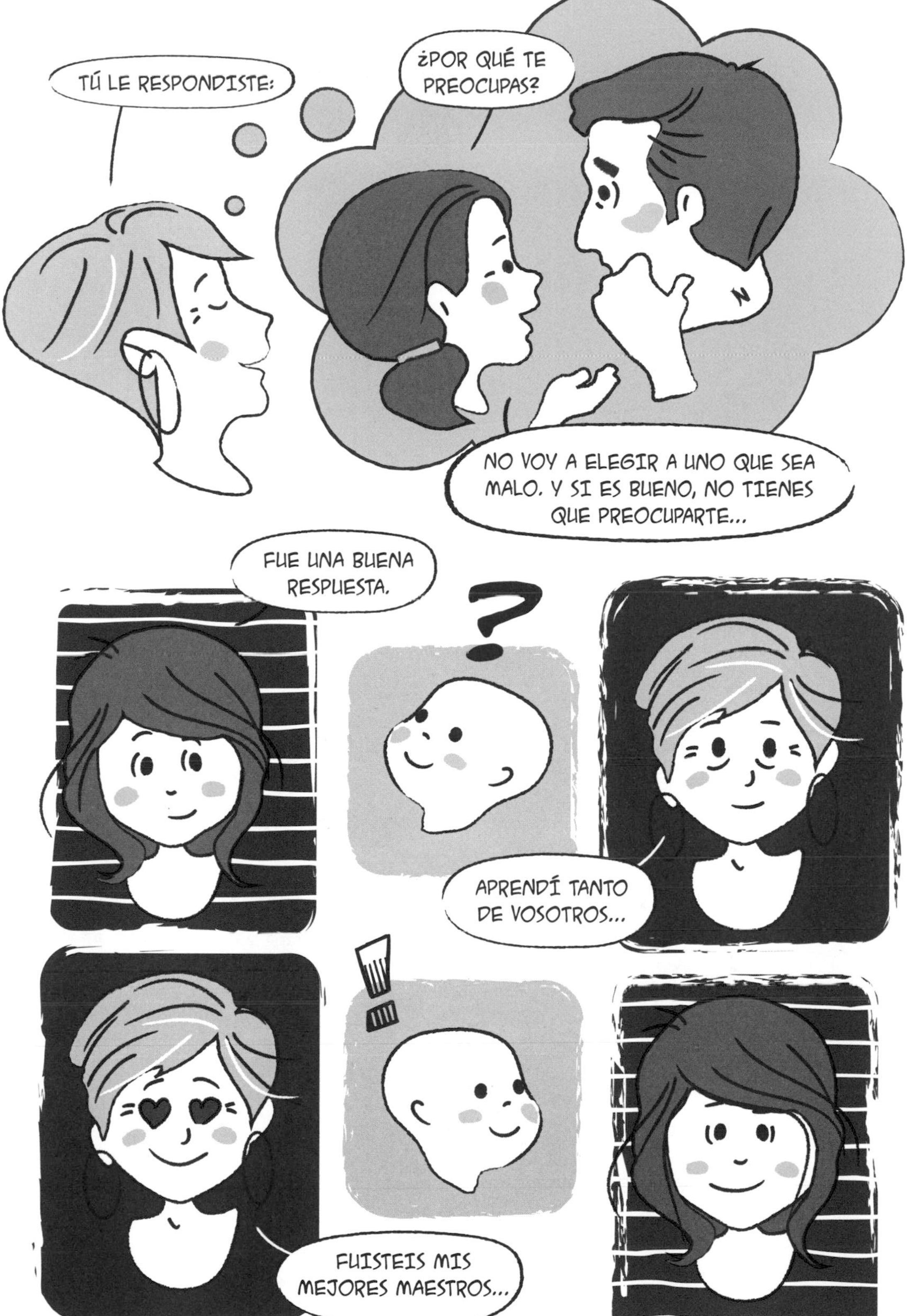
TÚ LE RESPONDISTE:
¿POR QUÉ TE PREOCUPAS?
NO VOY A ELEGIR A UNO QUE SEA MALO. Y SI ES BUENO, NO TIENES QUE PREOCUPARTE...
FUE UNA BUENA RESPUESTA.
?
APRENDÍ TANTO DE VOSOTROS...
!
FUISTEIS MIS MEJORES MAESTROS...

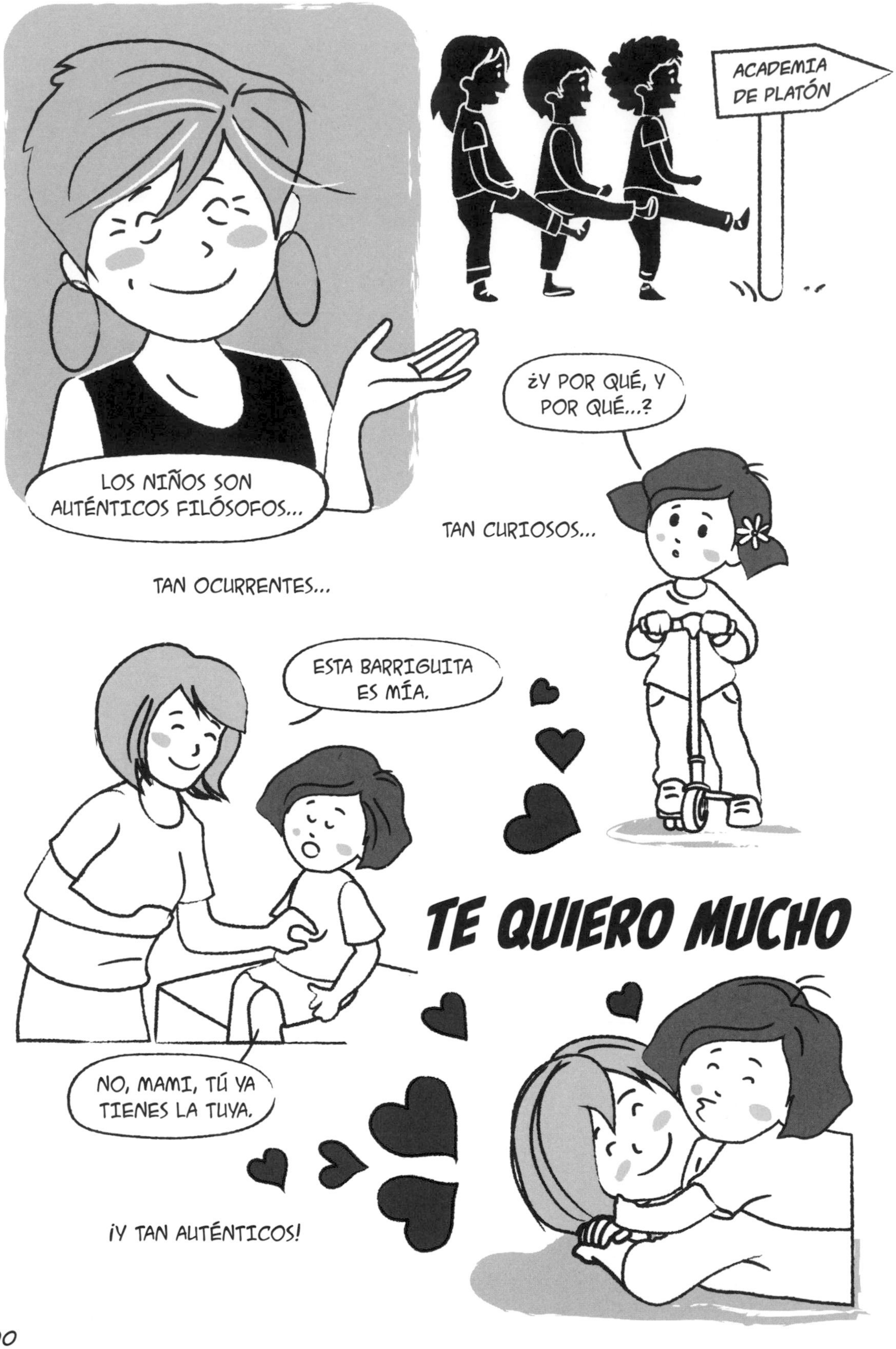
LOS NIÑOS SON AUTÉNTICOS FILÓSOFOS...
ACADEMIA DE PLATÓN
¿Y POR QUÉ, Y POR QUÉ...?
TAN CURIOSOS...
TAN OCURRENTES...
ESTA BARRIGUITA ES MÍA.
NO, MAMI, TÚ YA TIENES LA TUYA.
TE QUIERO MUCHO
¡Y TAN AUTÉNTICOS!

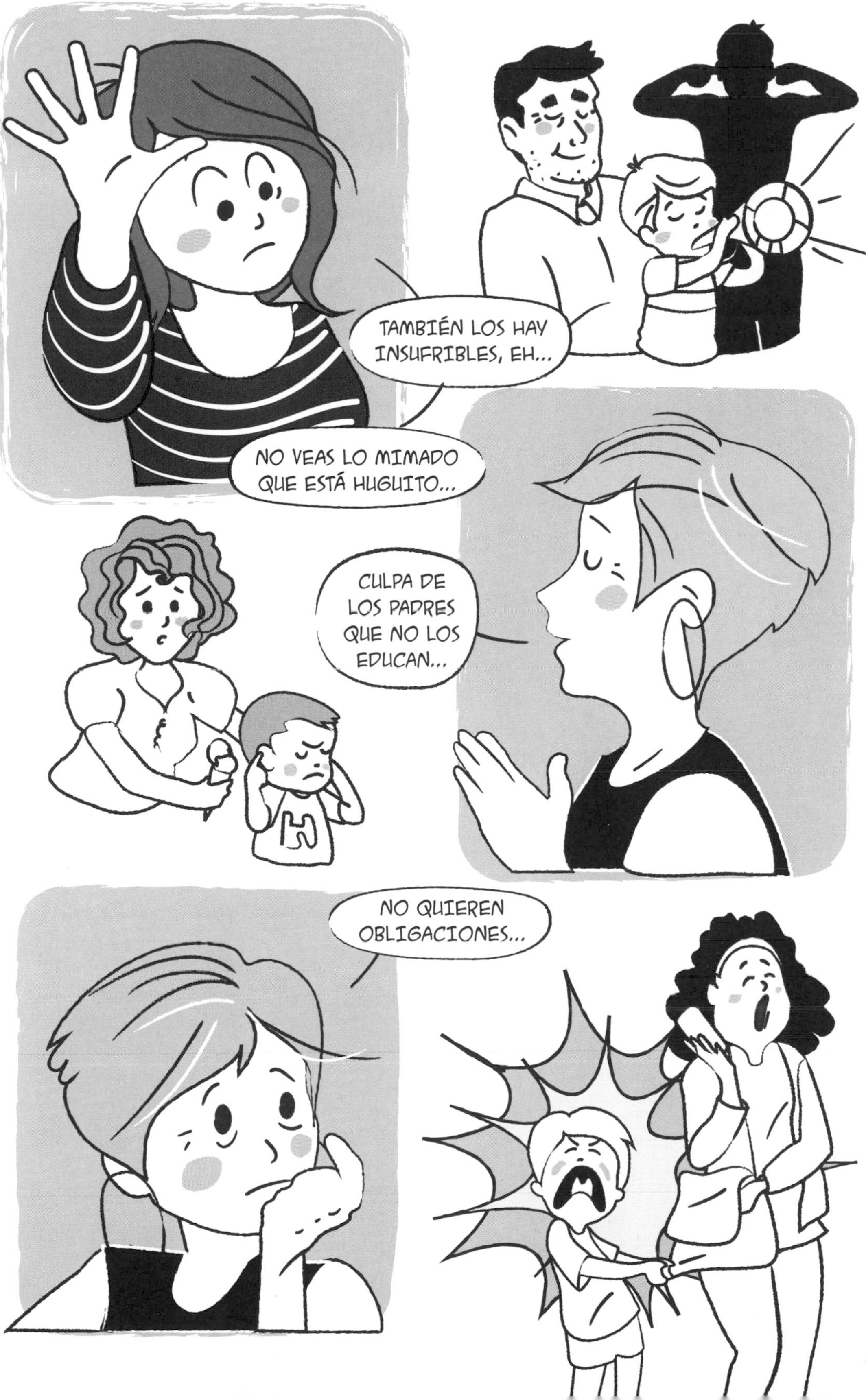
TAMBIÉN LOS HAY INSUFRIBLES, EH...
NO VEAS LO MIMADO QUE ESTÁ HUGUITO...
CULPA DE LOS PADRES QUE NO LOS EDUCAN...
NO QUIEREN OBLIGACIONES...

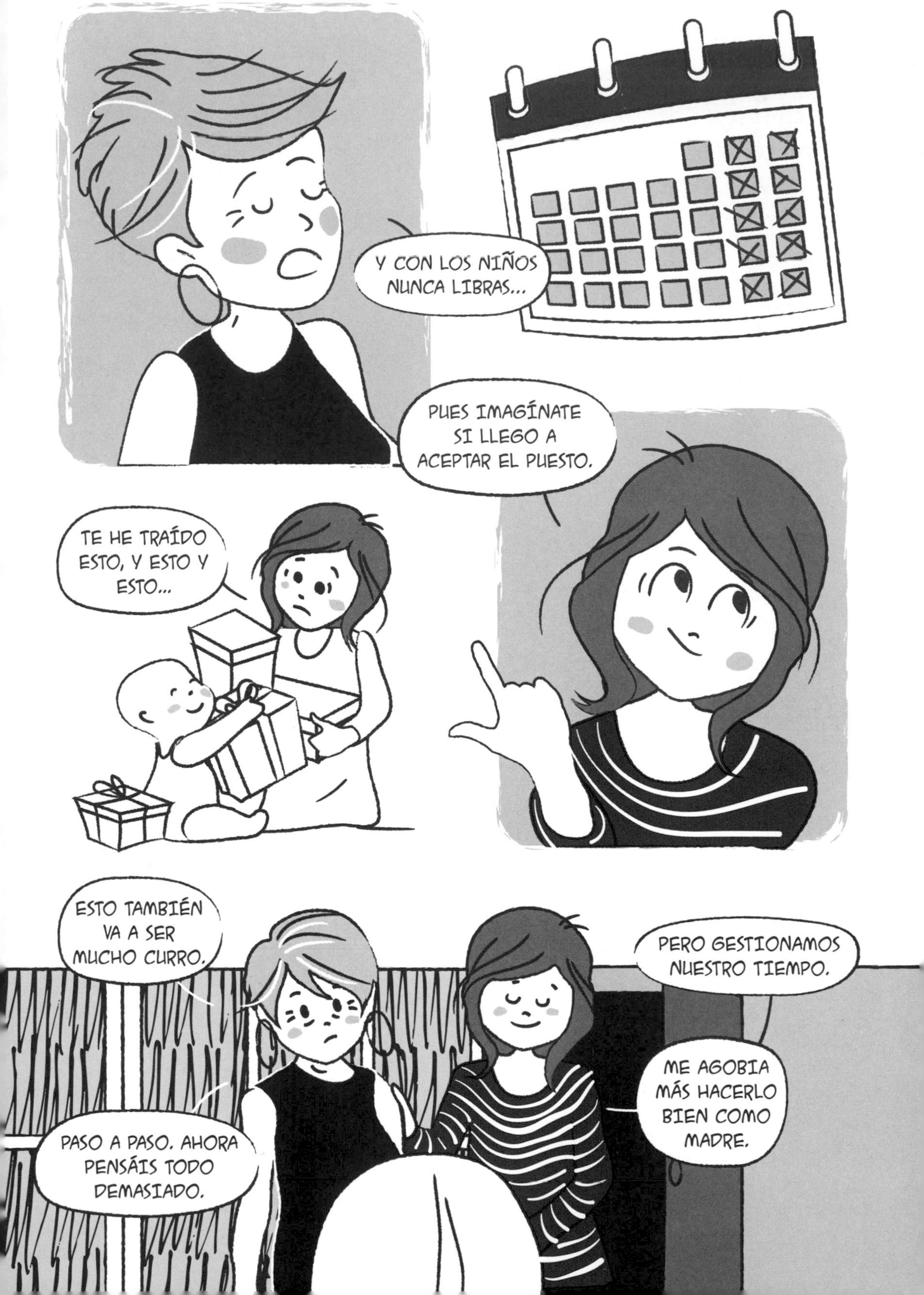
Y CON LOS NIÑOS NUNCA LIBRAS...
PUES IMAGÍNATE SI LLEGO A ACEPTAR EL PUESTO.
TE HE TRAÍDO ESTO, Y ESTO Y ESTO...
ESTO TAMBIÉN VA A SER MUCHO CURRO.
PERO GESTIONAMOS NUESTRO TIEMPO.
PASO A PASO. AHORA PENSÁIS TODO DEMASIADO.
ME AGOBIA MÁS HACERLO BIEN COMO MADRE.

ANTES ÉRAMOS MÁS
INCONSCIENTES...

NOS TIRÁBAMOS A LA PISCINA
SIN SABER NADAR...

LUEGO YA SE VERÍA...

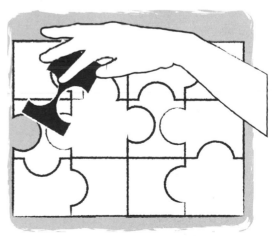

NO SE PUEDE TENER TODO CONTROLADO...

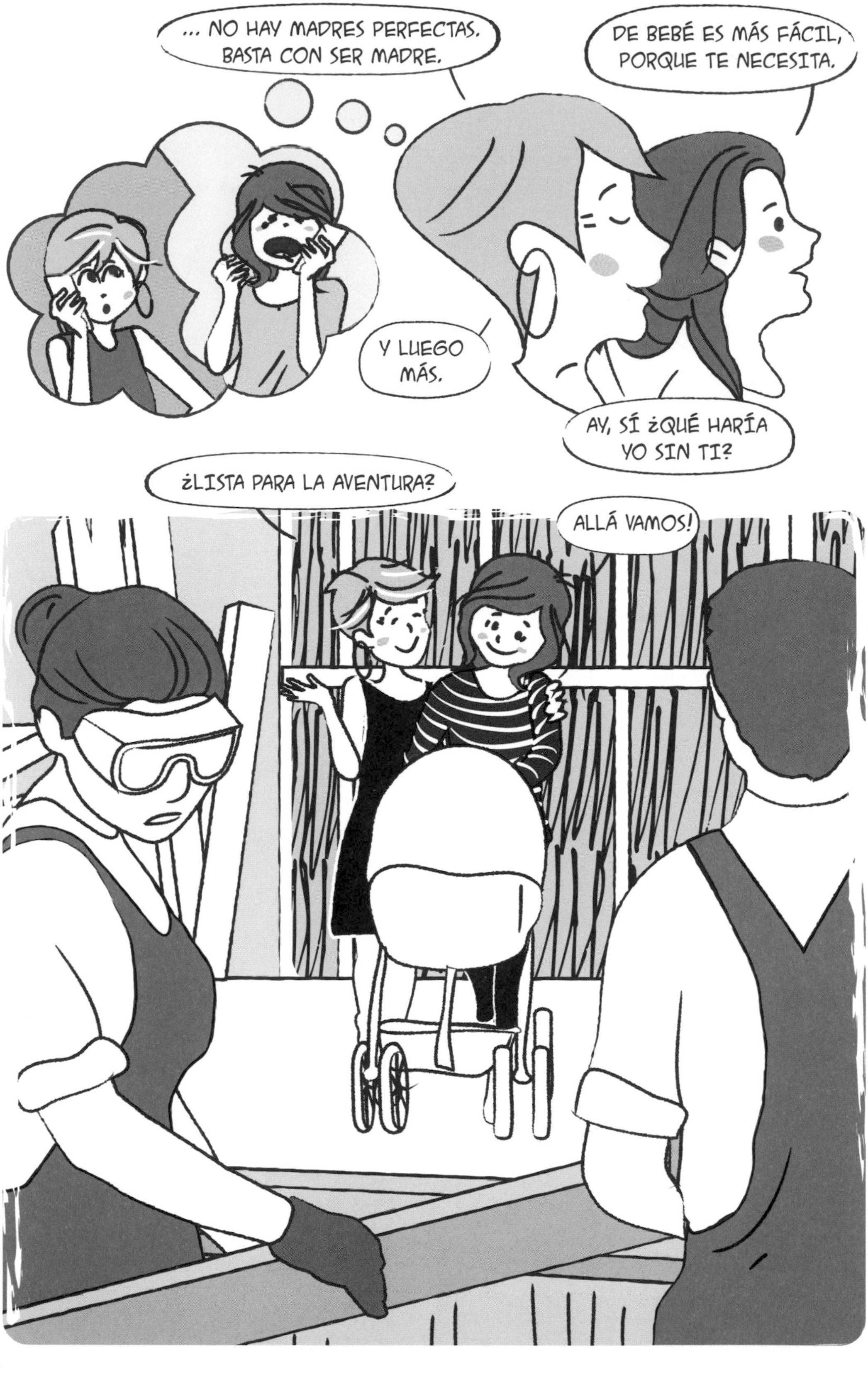
... NO HAY MADRES PERFECTAS. BASTA CON SER MADRE.
DE BEBÉ ES MÁS FÁCIL, PORQUE TE NECESITA.
Y LUEGO MÁS.
AY, SÍ ¿QUÉ HARÍA YO SIN TI?
¿LISTA PARA LA AVENTURA?
ALLÁ VAMOS!

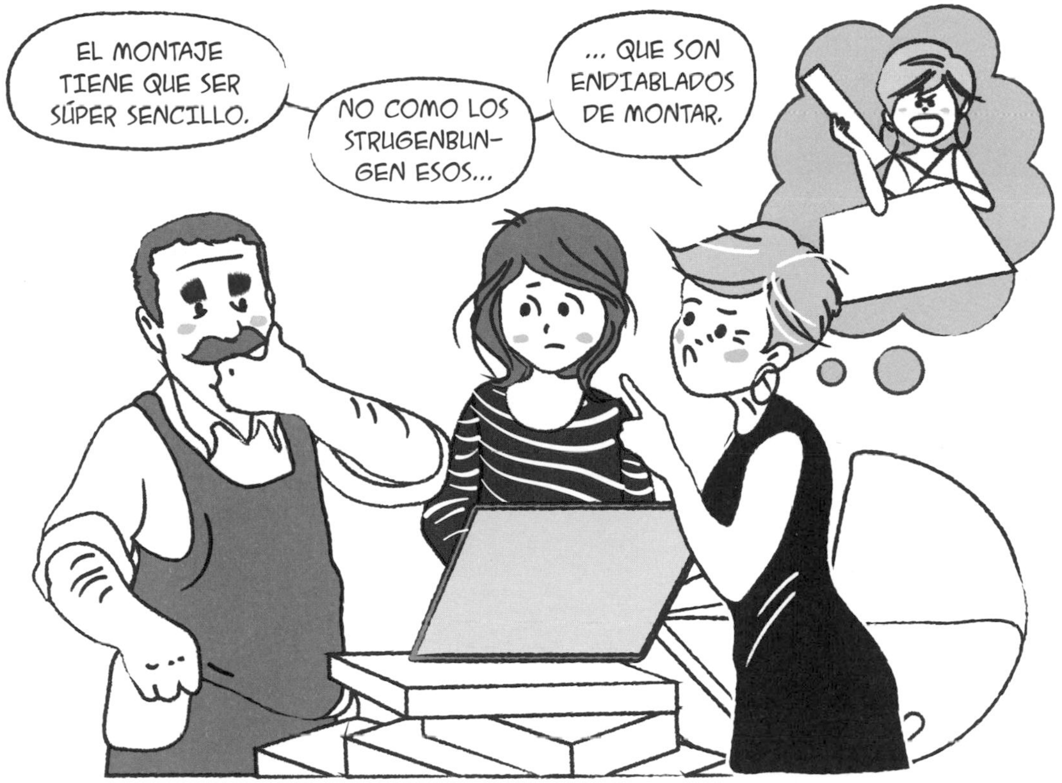
EL MONTAJE TIENE QUE SER SÚPER SENCILLO.
NO COMO LOS STRUGENBUN-GEN ESOS...
... QUE SON ENDIABLADOS DE MONTAR.

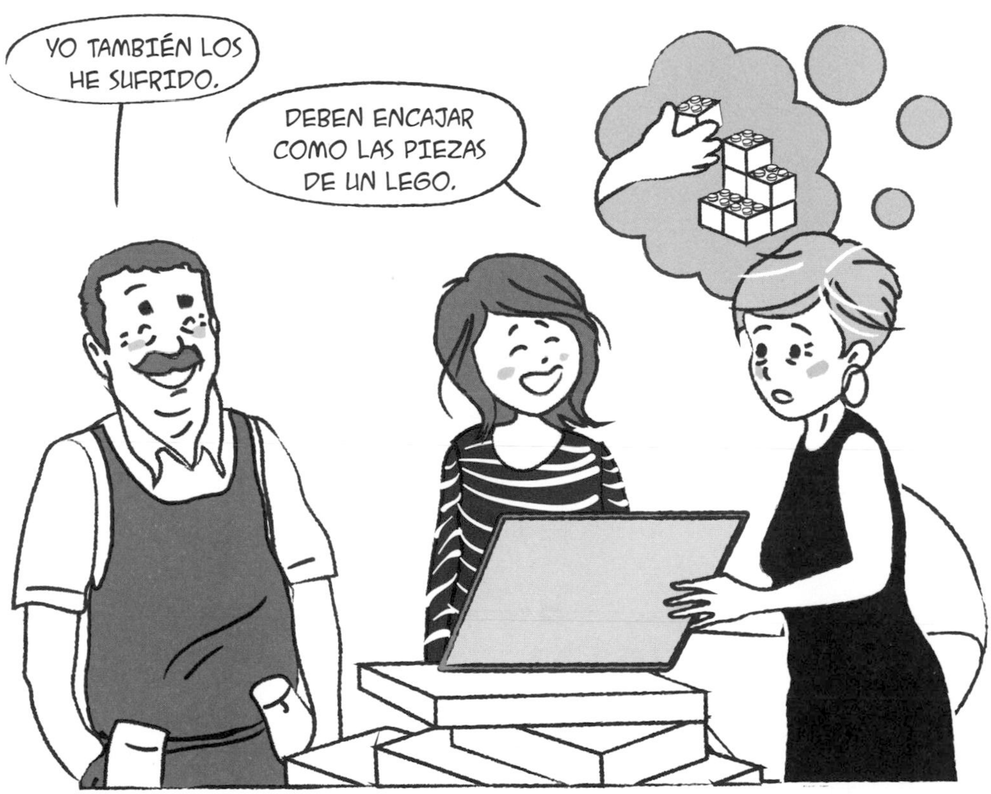
YO TAMBIÉN LOS HE SUFRIDO.
DEBEN ENCAJAR COMO LAS PIEZAS DE UN LEGO.

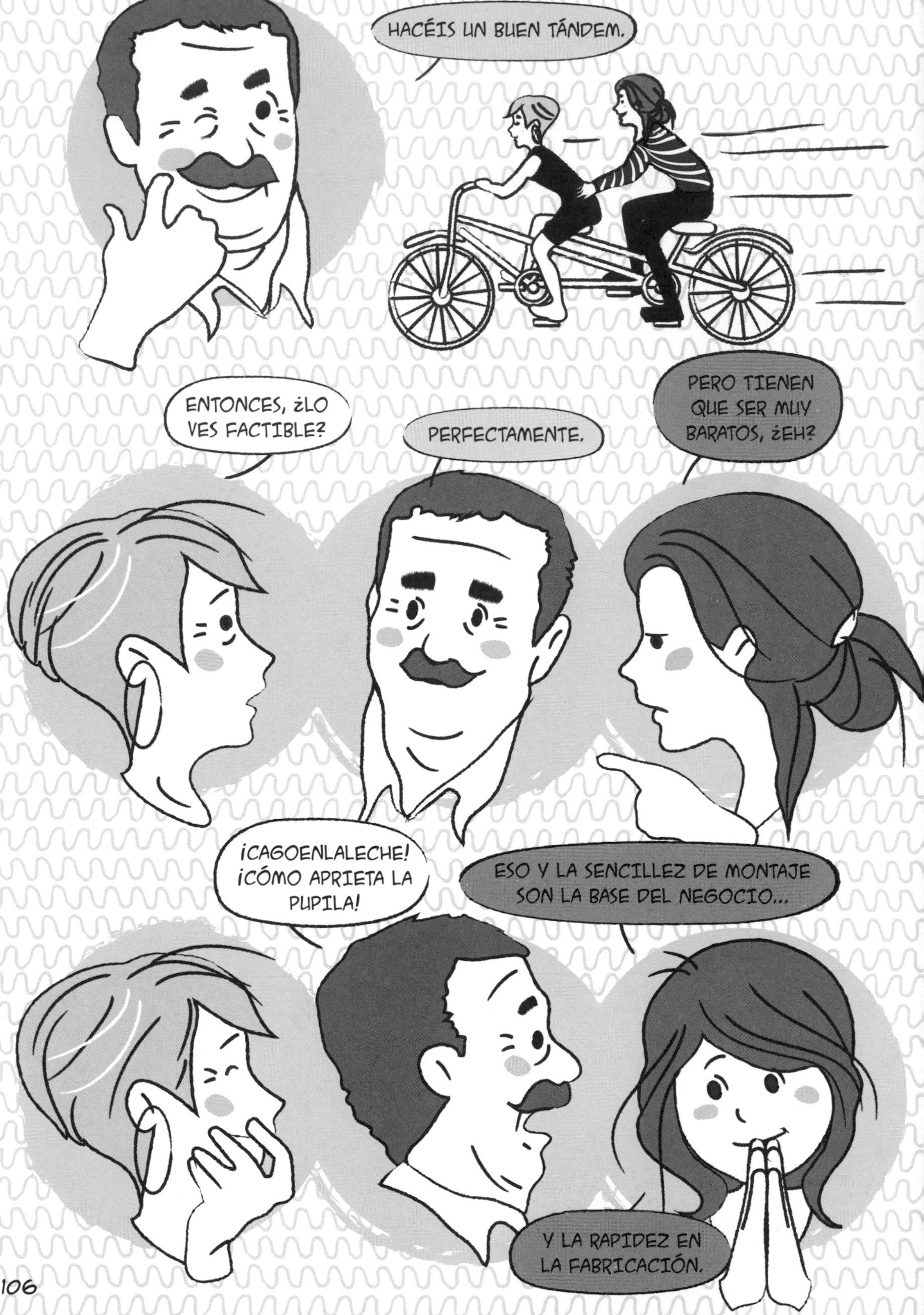
HACÉIS UN BUEN TÁNDEM.
ENTONCES, ¿LO VES FACTIBLE?
PERFECTAMENTE.
PERO TIENEN QUE SER MUY BARATOS, ¿EH?
¡CAGOENLALECHE! ¡CÓMO APRIETA LA PUPILA!
ESO Y LA SENCILLEZ DE MONTAJE SON LA BASE DEL NEGOCIO...
Y LA RAPIDEZ EN LA FABRICACIÓN.

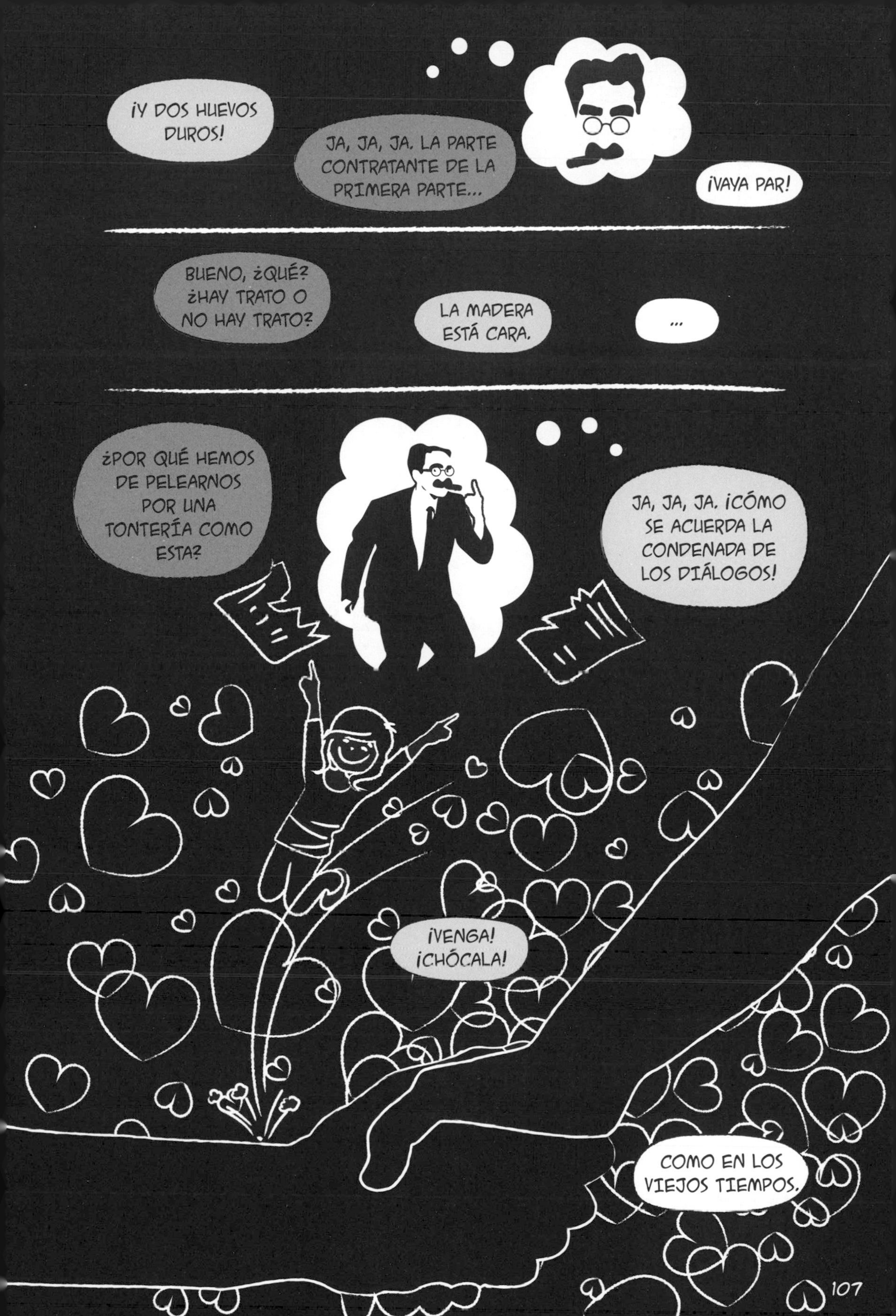

¡Y DOS HUEVOS DUROS!
JA, JA, JA. LA PARTE CONTRATANTE DE LA PRIMERA PARTE...
¡VAYA PAR!
BUENO, ¿QUÉ? ¿HAY TRATO O NO HAY TRATO?
LA MADERA ESTÁ CARA.
...
¿POR QUÉ HEMOS DE PELEARNOS POR UNA TONTERÍA COMO ESTA?
JA, JA, JA. ¡CÓMO SE ACUERDA LA CONDENADA DE LOS DIÁLOGOS!
¡VENGA! ¡CHÓCALA!
COMO EN LOS VIEJOS TIEMPOS.

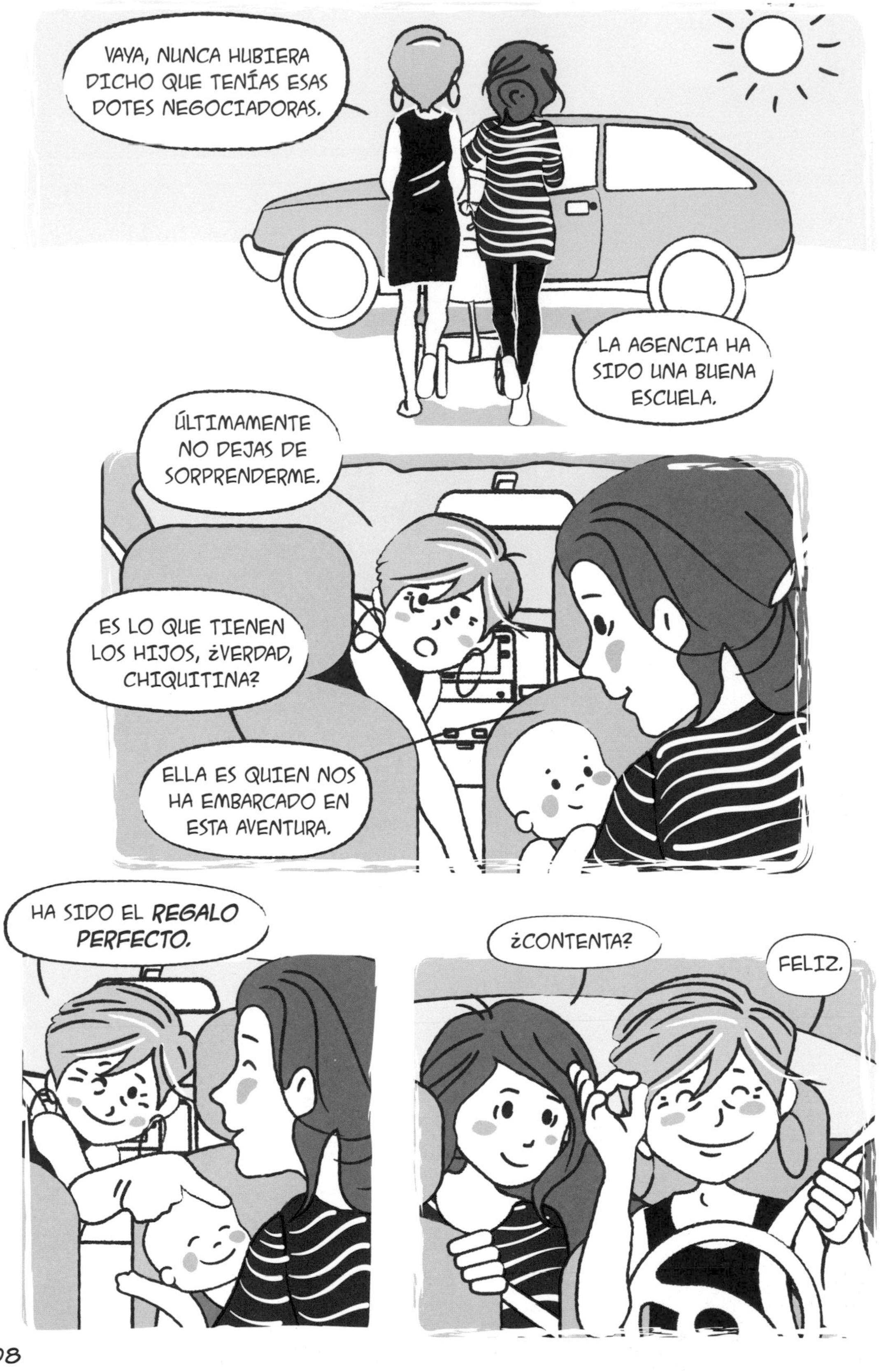
VAYA, NUNCA HUBIERA DICHO QUE TENÍAS ESAS DOTES NEGOCIADORAS.
LA AGENCIA HA SIDO UNA BUENA ESCUELA.
ÚLTIMAMENTE NO DEJAS DE SORPRENDERME.
ES LO QUE TIENEN LOS HIJOS, ¿VERDAD, CHIQUITINA?
ELLA ES QUIEN NOS HA EMBARCADO EN ESTA AVENTURA.
HA SIDO EL **REGALO PERFECTO.**
¿CONTENTA?
FELIZ.

FIN